PRÉCIS

SUR

LA CHAUSSURE.

PRÉCIS

SUR LA

CHAUSSURE

PAR MÉCANISME A VAPEUR

De Jean-Pierre MOLLIERE

DE LYON,

BREVETÉ, MEMBRE DE LA SOCIÉTÉ UNIVERSELLE DES SCIENCES, DES ARTS ET DE L'INDUSTRIE,

Rue de la Charité, 42, Lyon.

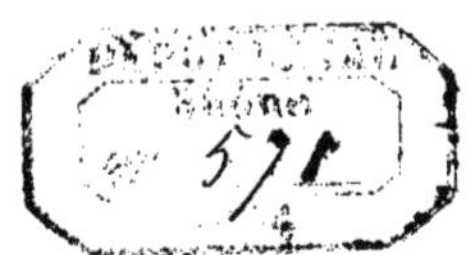

LYON.

IMPRIMERIE D'AIMÉ VINGTRINIER,

QUAI SAINT-ANTOINE, 36.

1854.

PRÉCIS

SUR LA CHAUSSURE

PAR MÉCANISME A VAPEUR

DE

JEAN-PIERRE MOLLIERE

DE LYON.

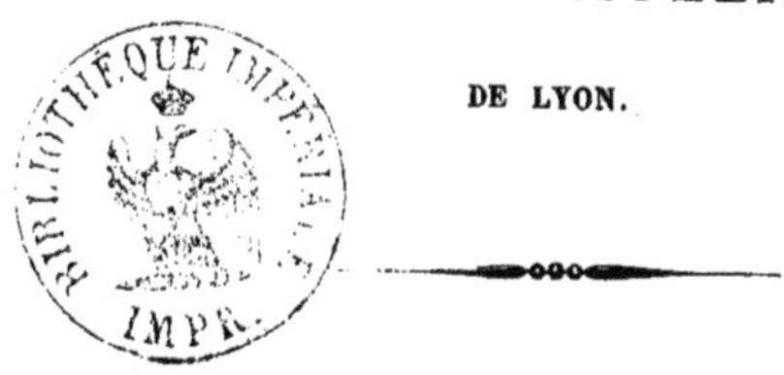

Poussées par le grand mouvement du progrès qui distingue notre siècle, toutes les industries s'empressent à l'envi pour atteindre un nouveau perfectionnement, soit dans la qualité, les procédés de fabrication, l'économie des matières, l'emploi des moyens et forces mécaniques en remplacement des moyens et forces de l'homme, et tout cela ayant pour but principal d'obtenir, au meilleur marché possible, des produits mieux confectionnés.

La fabrication de la chaussure seule restait presque stationnaire; cependant aucune autre ne pouvait tenter, à un plus haut degré, l'activité et l'intelligence des esprits inventifs et les combinaisons des spéculateurs; en effet, il s'agissait d'un produit de première nécessité, dont l'écoulement est facile et partout assuré.

Divers inventeurs se lancèrent dans cette voie, mais ils ne sont arrivés qu'à des résultats presque négatifs, la plupart ignorant l'art de fabriquer la chaussure, ils ignoraient complètement les principes fondamentaux qui devaient les guider : de là, découlent toutes les contrariétés, tous les inconvénients et les difficultés qu'ils ont rencontrés sans pouvoir les vaincre ou les surmonter; et, comme conséquence forcée, la nullité des résultats obtenus jusqu'à ce jour dans ce genre de fabrication : ces esprits ingénieux demandaient, sans doute, aux hommes pratiques si l'on ne pouvait pas arriver à quelque chose de mieux, à des résultats plus satisfaisants ; les hommes pratiques, ou plutôt la vieille routine répondait : — Impossible, et les choses en demeuraient là.

Enfin, ce grand problème vient d'être parfaitement résolu par les admirables inventions de Jean-Pierre Mollière, de Lyon, inventeur breveté (cinq brevets ou additions), produisant la chaussure de tous genres, par des moyens purement mécaniques, sans le concours des ouvriers cordonniers proprement dits, employant des hommes de toutes professions indistinctement, n'exigeant des ouvriers employés aux diverses opérations de la confection de la chaussure, rien autre que des soins, pour toute somme d'intelligence.

Il peut donc dire, avec un juste sentiment d'orgueil, que par son procédé il a obtenu la différence immense de 7 à 800 pour 100 sur les prix de fabrication de la chaussure faite par les moyens anciens, bien qu'actuellement la cordonnerie manuelle essaie partout de faire présider l'intelligence et la raison appliquées à la science pratique du métier.

Non seulement une telle invention est une grande révolution dans la fabrication de la chaussure, mais elle est encore une économie notable pour les consommateurs, et une source féconde de grands bénéfices à réaliser pour les personnes appelées à l'exploiter; car, avec une usine disposée pour une ***simple production*** de deux mille paires par jour, pour un travail de trois cents jours par année, donnerait, comme résultat à l'inventaire, un bénéfice d'au moins 600,000 fr., tous frais généraux et de confection prélevés; ce résultat, qui rarement pourrait être inférieur, est susceptible de sensibles augmentations suivant les pays où serait exploitée cette industrie.

L'inventeur, par des mesures heureusement combinées, par l'emploi bien dirigé des hommes et du travail, du temps et des capitaux, par le rapprochement et l'harmonie que favorisent les nouveaux et rapides moyens de fabrication,

Par une bonne application des vrais principes de la science économique, résultant de son système de coupes, de battage, de montage, d'achevage mécanique et de tableaux synoptiques, il obtient encore des bénéfices énormes sur l'emploi des matières presque sans déchets, lesquels pourront être doublés en quelques années par l'augmentation certaine de l'écoulement de ce produit nouveau, déjà compris et recherché par le consommateur, qui trouve à la fois économie, élégance, solidité et supériorité dans la durée.

On conçoit, d'après ce simple exposé, qu'il a fallu une extrême précision dans la construction des machines à préparer et à confectionner la chaussure; que tous ces appareils si variés et si ingénieux ne pouvaient devoir leur origine qu'à un homme de l'art, méditant, de longue main, les inconvénients de celle faite par les moyens anciens et cousue au fil poissé, la perte de temps et de matière, le manque des connaissances indispensables, et, par suite, le prix de revient infiniment trop élevé de la chaussure de tout genre.

Ce sont ces causes vicieuses, ces raisons si importantes et si palpables, mais si difficiles à détruire, qni ont amené l'inventeur à créer son système, et à faire, d'une simple profession manuelle, une des plus grandes industries manufacturières, d'uno exploitation facile, dont l'écoulement est partout assuré.

Delà, la nécessité de supprimer la main-d'œuvre du cordonnier et la remplacer par des moyens mécaniques, mus par une force motrice à vapeur. Gagner en vitesse, en bonne confection, en élégance et en qualité, et surtout obtenir une grande réduction dans les prix de revient comparés au coût de la chaussure confectionnée par la cordonnerie manuelle.

Par le système Mollière, il faut, pour confectionner mille paires de chaussures de tous genres, et en un jour, 170 personnes: hommes, femmes et enfants, sans condition de profession.

Pour confectionner le même nombre de chaussures par les moyens ordinaires de la cordonnerie, il faut de 13 à 1400 hommes et femmes du métier.

Ce simple raisonnement, très-exact en tous points, fait parfaitement sentir toute la supériorité du système Mollière, et tout l'avantage que l'on peut en tirer; il y a ici, comme nous l'avons dit, plus de 800 pour 100 de bonification dans le prix de revient de la façon; que serait-ce donc, si cette industrie venait par être exploitée sur une grande échelle, les avantages seraient immenses, eu égard aux capitaux engagés, et les capitaux viendront à cette industrie privilégiée, car ses résultats parleront plus haut que de beaux discours.

En effet, plus d'école à faire pour les exploitants, plus d'apprentissages pour les hommes à employer, le système et les machines seront livrées toutes montées et fonctionnant.

La chaussure confectionnée par le système mécanique Mollière, est sans rivale, car il a parfaitement compris et résolu ce problème, que le soulier, ce vêtement du pied, devait avoir, sans rien perdre du cachet et de l'élégance, toutes les coutournures naturelles du pied, joindre et toucher toutes ses parties, le fortifier sans le blesser ou le fatiguer, sans lui occasionner ni souffrances ni maladies.

Ce qui n'était que rarement et fortuitement évité par celle confectionnée par les cordonniers, opérant sans guides, sans art et sans goût, occasionnant ainsi une foule de maladies des pieds, dont la société entière est trop pénétrée pour être révoquée en doute.

Enfin, les beaux résultats obtenus par ce nouveau système, véritable révolution dans la fabrication de la chaussure par mécanisme à vapeur, préoccupent aujourd'hui non seulement les économistes et les grands industriels, mais encore les hommes d'état de plusieurs gouvernements avec lesquels l'inventeur est en relation, pour l'adoption de cette chaussure pour les troupes de terre et de mer.

NOMENCLATURE

DES MACHINES ET OUTILS

SERVANT

A LA PRÉPARATION ET A LA FABRICATION

DE LA CHAUSSURE.

PRÉPARATION DU CUIR POUR LA CHAUSSURE.

1° Machine à vapeur;

2° Emporte-pièces à découper les semelles, les talons et les empeignes;

3° Machine à pression de vapeur pour la coupe des empeignes;

4° — à découper le cuir en bandes sur chaque longueur de semelles;

5° — à battre le cuir pour semelles, talons et contreforts;

6° — à découper les semelles et les talons au moyen d'emporte-pièces.

7° — à coudre et à piquer les empeignes ;
8° — à monter les empeignes sur les formes ;
9° — à clouer les semelles ;
10° — à presser les talons et les clouer,
11° — à déformer et à achever la chaussure.

NOTA. — Première partie. — Première opération de la machine à déformer. Effleurage et polissage du plat de la semelle.

2e Partie. — Achevage et polissage du talon.

3e Partie. — Achevage des bords de la semelle, et la chaussure est achevée.

NOTA. — Les emporte-pièces des empeignes ne peuvent être complets, attendu que quelques genres de chaussures n'ont pas assez d'importance pour s'en servir ; on les supplée au moyen de modèles a découper, également à précision.

1re PARTIE. — MACHINE A DÉCOUPER LES EMPEIGNES PAR PRESSION DE VAPEUR.

Au moyen de cette machine, deux hommes découpent de trois cent cinquante à quatre cents paires d'empeignes par jour, tandis que deux bons coupeurs n'en couperaient à la main que de cinquante à soixante, et feraient infiniment moins bien. La différence en faveur de la machine est donc immense et incontestable, puisque pour deux hommes employés au coupage, il y a une bonification de trois cents paires par jour.

2e PARTIE. — MACHINE A COUDRE ET A PIQUER LA CHAUSSURE.

Cette machine, qui supprime entièrement la couture des femmes et des cordonniers, supprime en même temps tous les vices et les défectuosités qui étaient inévitables à ce genre de travail effectué avec plus ou moins d'intelligence, de savoir et de régularité par les couturières et la cordonnerie, offre cet avantage que deux femmes peuvent aisément diriger et conduire de quatre à cinq machines; elles piquent de cent à cent vingt paires de souliers lacés par jour, tandis qu'à la main, et moins bien fait, une femme ou un cordonnier n'en piquerait que quatre paires en travaillant à grande journée; l'avantage réel est donc de cent paires au moins par jour.

3e PARTIE. — PRÉPARATION DES SEMELLES ET TALONS.

Une première machine, dite à couper en bandes, coupe le cuir pour les semelles dans toutes les dimensions de longueur. Cette opération qui, en quelques instants, prépare d'énormes quantités de cuir coupé avec la plus stricte précision, ne peut se faire à la main; elle offre, tant par le déchet qu'elle supprime, que la rapidité avec laquelle elle fonctionne à l'aide d'un seul homme employé, un avantage très-considérable, puisque cet homme prépare ainsi, en un seul jour, plus de cinq à six mille paires de semelles ou sous-bouts-de talons.

De la machine à couper en bandes, le cuir passe au bain, où il séjourne environ de quinze à trente minutes; retiré de l'eau, il passe sous la machine à battre les semelles. Cette opération est si prompte et si facile, qu'avec trois enfants de dix à douze ans, on bat parfaitement de cinq à six mille paires de semelles par jour, tandis que ce même travail, fait à la main par un cordonnier, se résume ainsi : un cordonnier (mais sans pouvoir le faire continuellement, parce que c'est trop fatigant), ne pourrait battre que de cinquante à soixante paires par jour.

Ainsi, au moyen de la machine à battre, trois enfants de dix à douze ans font en un jour, et infiniment mieux, ce que ne pourraient faire cent cordonniers dans le même laps de temps.

Le cuir ainsi battu et *émapé* passe à la machine à couper les semelles et les talons. Cette opération à pression douce est aussi prompte et facile que la précédente; elle coupe et poinçonne en même temps, et avec une précision telle qu'il est inutile d'y donner ensuite le moindre coup de tranchet; elles sont employées sans autre préparation. Trois hommes découpent facilement de cinq à six mille paires de semelles par jour, tandis qu'un cordonnier exercé ne pourrait en couper et ajuster que de quinze à vingt paires également en un jour; partant, et au moyen de la machine à découper, trois hommes font en un jour ce que ne pourraient pas faire trois cents cordonniers.

4e PARTIE. — APPRÊTAGE.

Pour l'apprêtage, c'est-à-dire la réunion de toutes les pièces de cuir ou de peau servant à la confection de la chaussure, des hommes sont spécialement affectés à cette opération. Ils réunissent toutes les parties, portant le même numéro, pour une paire de chaussure ainsi que les formes au même numéro, et l'apprêtage est ainsi achevé. Chaque homme peut très-aisément en préparer de cinquante-cinq à soixante-dix paires par jour. Cette spécialité rend à la fois l'opération facile, certaine, et sans erreur possible.

5e PARTIE. — MONTAGE.

Au sortir de l'apprêtage, la chaussure en confection passe immédiatement au montage qui se fait au moyen de petites machines, dites à monter, avec une perfection telle que l'ouvrier cordonnier ne saurait jamais atteindre. Ces machines, véritables petites mignatures, fonctionnent par des enfants de dix à douze ans, et un seul en monte de vingt à vingt-cinq paires par jour, tandis que par les moyens ordinaires un ouvrier cordonnier ne peut en faire que dix à quatorze paires.

6e PARTIE. — AJUSTAGE DES SEMELLES SUR LA CHAUSSURE.

Du montage, la chaussure passe directement à l'ajustage des semelles qui sont coupées à juste précision. Par le système ***Mollière***, un seul homme en ajuste de cinquante-cinq à soixante-dix paires par jour, tandis que, par les moyens ordinaires, un cordonnier ne peut en ajuster, sans jamais atteindre le même perfectionnement, que quinze à vingt paires seulement, et infiniment moins bien, et surtout sans la même régularité.

7e PARTIE. — POINTAGE DES SEMELLES.

En sortant de l'ajustage, la chaussure passe à l'opération du pointage. Elle se pratique sur des petites machines à bases fixes et à pivots mobiles, sur lesquelles la chaussure est isolée et ne reçoit aucun frottement ; un seul homme, femme ou enfant, fait ainsi, en un seul jour, le pointage de quarante à cinquante paires de souliers, tandis que cousu au fil poissé, et par les moyens ordinaires, un cordonnier ne pourrait coudre également en un jour que de cinq à dix paires de chaussures, et jamais dans d'aussi bonnes conditions.

8e PARTIE. — AJUSTAGE ET POINTAGE DES TALONS.

Les talons sont pressés au moyen de petites machines, dites à presser, au lieu d'être battus au marteau avec justesse et facilité, de manière qu'un homme et un enfant ajustent et pointent de soixante-quinze à quatre-vingt-dix paires de talons par jour. Par les moyens ordinaires, un cordonnier ne peut en ajuster, coudre et clouer que de dix à douze paires par jour, et infiniment moins bien faites.

9e PARTIE. — MACHINE A DÉFORMER.

Cette machine sert à déformer, c'est-à-dire à polir et à achever la chaussure. Le travail se divise en trois opérations distinctes, sur trois charriots différents.

Par la première opération, on effleure, blanchit et polit le cuir du plat des semelles et des talons.

Par la deuxième opération, on fait complètement les talons en enlevant toutes les parties de cuir superflues, pour leur donner telle tournure que l'on veut. Au moyen d'outils chauffés par la vapeur, on achève les talons en leur donnant un superbe brillant, et sans que la main de l'homme ait touché la chaussure.

Par la troisième et dernière opération, on achève les parties cambrées et le pourtour des semelles; on donne la dernière main pour obtenir le brillant de la lisse, et la chaussure est complètement achevée et perfectionnée; on en retire alors les formes et l'on fait border.

Employés à cette machine, trois hommes déforment de quatre-vingts à cent paires par jour, et pour faire le même nombre à la main, il faut vingt-cinq cordonniers robustes et très-adroits dans le métier, et encore ne pourraient-ils continuer longtemps ce même travail, le plus pénible, et en même temps le plus délicat du métier.

Tarif des prix de revient des façons de chaque paire de chaussure pour homme.

DÉTAIL DES OPÉRATIONS.	SOULIERS.		BOTTES VEAU.		BOTTES VERNIES.		BOTTINES veau et vernies.	
	FR.	C.	FR.	C.	FR.	C.	FR.	C.
Coupage des empeignes.	»	4	»	3	»	5	»	5
Piquage des empeignes.	»	15	»	40	»	70	»	45
Coupage des semelles.	»	1	»	1	»	1	»	1
Apprêtage.	»	3	»	3	»	3	»	3
Montage des empeignes.	»	8	»	12	»	12	»	10
Ajustage des semelles.	»	3	»	3	»	3	»	3
Pointage des semelles.	»	8	»	8	»	8	»	8
Ajustage et clouage des talons.	»	6	»	6	»	6	»	6
Déformage et polissage.	»	15	»	15	»	15	»	15
Bordage.	»	10	»	0	»	0	»	0
Achevage, placement des lacets.	»	3	»	2	»	2	»	2
	»	76	»	93	1	27	»	90

Comparaison des prix de revient des façons de chaussures d'homme confectionnées par le système Mollière, à ceux des cordonniers.

PRIX PAYÉ PAR LES CORDONNIERS.	1re CLASSE.		2e CLASSE.		PRIX PAYÉ par le système MOLLIÈRE.	
	FR.	C.	FR.	C.	FR.	C.
Bottes vernies par paire	13	»	9	»	1	27
Bottes veau id. id.	8	»	7	»	»	93
Bottines veau id. id.	8	»	7	»	»	98
Bottines vernies id. id.	9	»	7	50	»	98
Souliers vernis id. id.	4	50	3	50	»	76
Souliers veau id. id.	3	50	3	»	»	76
Brodequins veau id. id.	4	»	3	25	»	76

OBSERVATIONS.		
Par les cordonniers,		
98 paires 1re classe coûtent fr.	700	00
98 id. 2e classe coûtent fr.	563	50
Ensemble fr.	1263	50
Dont la moitié entre les 2 genres, pour moyenne, est de fr.	631	75
La moyenne payée par le système Mollière étant de fr. 90 16 pour ces 98 paires, et 7 fois 90 16 donnant ensemble fr.	631	12
il y a donc 700 p. % de différence en faveur du système Mollière.		

Nota. — Si, au lieu de tirer cet exemple sur les 7 paires du tableau ci-dessus, on opère sur **14** paires de chaque genre, soit ensemble sur 98 paires, on obtiendra pour résultat que ces 98 paires auront coûté de façons aux cordonniers, savoir : pour la 1re classe fr. 700, et pour la 2e classe, fr. 563 50. Les façons des mêmes 98 paires n'auront coûté par le système Mollière que fr. 90 16. *Il y a donc, en faveur de ce système*, une différence de 700 *pour* 100.

Tarif des prix de revient des façons de chaque paire de chaussure pour femme.

Détail des opérations.	Souliers.		Bottines.		Avec claques.		Avec talons.	
	Fr.	C.	Fr.	C.	Fr.	C.	Fr.	C.
Découpage des empeignes.	»	2	»	2	»	4	»	»
Piquage des empeignes.	»	10	»	20	»	35	»	»
Coupage des semelles.	»	1	»	1	»	1	»	»
Apprétage.	»	2	»	2	»	2	»	»
Montage des empeignes.	»	3	»	3	»	4	»	»
Ajustage des semelles.	»	2	»	2	»	2	»	»
Pointage des semelles.	»	4	»	4	»	4	»	5
Déformage et polissage.	»	10	»	10	»	10	»	5
Bordage.	»	8	»	»	»	»	»	»
	»	42	»	62	»	62		10

Comparaison des prix de revient des façons de chaussures de femme confectionnées par le système Mollière à ceux des cordonniers.

PRIX PAYÉ PAR LES CORDONNIERS.			1re CLASSE.		2e CLASSE.		PRIX PAYÉ par le système MOLLIÈRE.		OBSERVATIONS.		
			FR.	C.	FR.	C.	FR.	C.			
Bottines sans claques	par	paire.	4	00	3	50	»	44	Par les cordonniers, 96 paires, 1re classe, coûtent fr.	428	00
Bottines avec claques	id.	id.	5	00	4	50	»	62	96 id. 2e classe, coûtent fr.	368	00
Bottines sans claques, avec talons	id.	id.	6	00	5	00	»	54	Ensemble.......... fr. Dont la moitié entre les classes pour moyenne est de.......... fr.	796 398	00 00
Bottines avec claques et talons	id.	id.	6	25	5	50	»	72			
Souliers lacés, étoffe	id.	id.	3	00	2	50	»	42	La moyenne payée par le système Mollière étant de fr. 50 56 c., pour ces mêmes 96 paires, et 6 fois 50 56 donnant ensemble........... fr. il y a donc fr. 800 p. % de différence en faveur du système Mollière, moins une imperceptible et insignifiante fraction.	401	28
Souliers lacés, cuir	id.	id.	2	50	2	00	»	42			
			26	75	23	00	3	16			

Nota. — Si l'on fait un exemple sur 96 paires, c'est-à-dire sur 16 paires dans chacun des 6 genres formant ce tableau de comparaison des prix de revient, on obtiendra pour résultat que la façon de ces 96 paires coûtera aux cordonniers, savoir : pour la 1re classe, fr. 428 ; et pour la 2e classe, fr. 325, ce qui produit pour les deux catégories réunies fr. 796 dont la moitié, pour établir la moyenne, est fr. 398. Et, pour ces 96 paires, le système Mollière ne payant que fr. 50 56, il en résulte en sa faveur, une différence sur les façons de la chaussure de femme de 800 p. %.

Observation. — Les prix des façons ainsi fixés aux tarifs des tableaux du système Mollière, ne peuvent varier que de 10 centimes en plus ou en moins par paire, en exécutant conformément à l'ensemble du système.

EXPLICATION DES TABLEAUX A, B, C, D DES MESURES.

Ces tableaux de mesures de chaussures sont composés de cases horizontales et de colonnes verticales.

Chaque case contient cinq colonnes.

Les chiffres placés en tête dans chaque colonne horizontale sont les numéros de longueur des pieds. Ceux placés dans les colonnes verticales de chaque case sont les différentes dimensions de grosseurs dans la même longueur.

Le tableau A pour chaussures d'enfants de un à six ans, se trouve donc composé de six cases horizontales contenant les numéros des longueurs de dix-sept à vingt-deux.

Les numéros qui se trouvent dans les colonnes verticales servent à indiquer les différentes grosseurs dans une même longueur des pieds à la hauteur des doigts et du coude-pied, sur une échelle de un à trois seulement pour la chaussure des enfants de un à six ans.

Tableau pour jeunes filles et jeunes garçons de sept à quatorze ans, composé de huit cases horizontales contenant chacune cinq colonnes verticales.

Chaque case contient les numéros des longueurs des pieds de vingt-trois à trente pour jeunes adultes des deux sexes.

Les numéros disposés dans les colonnes verticales indiquent les différentes grosseurs des pieds, prises à la hauteur des doigts et du coude-pied.

Le tableau C pour chaussures de femmes, est composé de dix cases horizontales contenant également cinq colonnes verticales dans chaque case.

Les chiffres des cases sont ceux des longueurs des pieds de femmes du numéro trente-un à quarante.

Ceux des colonnes, les numéros des différentes grosseurs aux indications des tableaux précédents.

Le tableau D est divisé en douze cases horizontales ayant chacune cinq colonnes verticales, les premières indiquant les longueurs des pieds d'hommes du numéro trente-six à quarante-sept.

Les secondes indiquant, comme aux précédents tableaux, les grosseurs des pieds à la hauteur des doigts et du coude-pied.

EXPLICATION DES CASES ET DES COLONNES.

Nous répétons que les chiffres contenus dans chaque case des tableaux A, B, C, D n'ont qu'une seule valeur, celle des longueurs des pieds.

Des colonnes.

Les chiffres placés dans la première colonne de un à six, sont les numéros des poinçons qui distinguent et indiquent la largeur de chaque forme ou chaussure des deuxième et troisième colonnes.

La deuxième colonne se compose de chiffres au centimètre, la troisième de millimètres pour les mesures du coude-pied.

Les quatrième et cinquième colonnes contiennent les chiffres des mesures de grosseurs des pieds à la hauteur des doigts.

Les chiffres de la quatrième colonne sont des centimètres, ceux de la cinquième sont des millimètres.

EXPLICATION DU TABLEAU A DES MESURES.

Ce tableau, composé pour les longueurs et les largeurs des numéros 17, 18, 19, 20, 21 et 22 pour les enfants de un à six ans, est parfaitement conforme aux dimensions de la chaussure des enfants de cet âge, et se trouve détaillé en chiffres pour toutes les proportions du pied.

Les compas de poinçures créés pour le système des mesures, sont aussi en parfaite harmonie avec les tableaux A, B, C, D.

Nous devons faire remarquer que, pour chausser tous les pieds sans prendre mesure, nous avons créé nos tableaux sur une échelle qui ne varie que de six millimètres d'une grosseur à l'autre, sur trois grosseurs dans la même longueur, et de six millimètres seulement d'une longueur à l'autre.

Le tableau B pour de jeunes filles et de jeunes garçons de sept à quatorze ans, est le même pour les proportions que le tableau A; seulement, il y a une série de plus, nécessitée par le plus grand nombre de chaussures à faire pour les enfants de sept à quatorze ans que pour ceux de six à sept, ne variant aussi que de six millimètres d'une grosseur à l'autre sur quatre grosseurs dans la même longueur, et de six millimètres d'une longueur à l'autre du numéro vingt-trois au numéro trente dont se compose ce tableau.

Le tableau C, établi pour femmes, du numéro trente-un au numéro quarante, varie de une à six grosseurs par six millimètres d'une grosseur à l'autre, et de six millimètres d'une longueur à l'autre.

La moyenne des pieds de femmes étant beaucoup plus considérable des numéros trente-trois à trente-huit que dans les pieds plus petits ou plus grands, il a fallu combiner le nombre également plus considérable de formes et de chaussures à faire pour obtenir un assortiment à la hauteur de la nécessité : c'est en raison de ce motif que les quantités du centre vont en augmentant de cinq à huit, en partant du numéro trente-trois jusqu'au numéro trente-cinq, et de six à deux en décroissant du numéro trente-six au numéro quarante. Voir pour cette explication la troisième colonne du tableau G.

Le tableau D, établi pour pieds d'hommes, de la même manière que les précédents, ne varie également que de six millimètres d'une grosseur à l'autre sur une échelle de une à six, et sur six millimètres seulement d'une longueur à l'autre, comprenant le numéro trente-six pour le plus petit pied d'homme, et le numéro quarante-sept pour le plus grand.

On remarquera également que les quantités de formes et de chaussures à faire pour les assortiments, vont en augmentant du numéro trente-sept au numéro quarante-un. Cela tient aussi à ce que les pieds d'hommes à chausser sont en harmonie avec les combinaisons établies dans ce tableau pour ne pas faire trop ou pas assez, et pour être assorties dans toutes les longueurs et grosseurs.

Les quantités de formes et de chaussures décroissent par gradation du numéro quarante-deux au numéro quarante-sept, par la même raison qu'il en faut moins dans chaque numéro pour l'assortiment, eu égard aux pieds à chausser dans ces dimensions. Voir pour cette explication la troisième colonne du tableau H.

L'expérience et la pratique ont acquis à l'inventeur du système la plus intime conviction, qu'en procédant pour la fabrication des formes et de la chaussure suivant les principes exposés dans les tableaux, on aura toujours un assortiment convenable sur chaque numéro sans être exposé à faire trop ou pas assez. C'est en raison de ce motif que les numéros et quantités ont été étudiés avec soin, afin d'éviter l'engagement d'un capital inutile, et d'avoir un trop plein dans quelques numéros et un manquant dans quelques autres.

DESCRIPTION

DE LA

FABRICATION DE LA CHAUSSURE

PAR PROCÉDÉS MÉCANIQUES

SYSTÈME MOLLIÈRE.

Les formes peuvent être établies, au gré du fabricant, soit en bois, soit en fonte ; celles en fonte, ayant plus de précision, plus de durée, sont préférables à celles de bois.

Pour faire établir les formes en fonte, on procède de la manière suivante :

Faire faire une forme en bois, avec la plus juste précision, sur chaque numéro des tableaux E. F. G. H., contenant toutes les dimensions de longueurs, largeurs et grosseurs.

Remarque.—Les modèles de formes doivent avoir

sur la circonférence un millimètre de plus que les chiffres indiqués aux tableaux E. F. G. H., en raison du retrait de la fonte, attendu qu'elle donne environ un millimètre : ces proportions, gardées avec soin, on obtient des formes parfaitement justes aux dimensions décrites aux dits tableaux.

DES FORMES EN BOIS.

Pour faire établir les formes en bois, on prend la qualité la plus convenable, c'est-à-dire, le bois le moins poreux ; on a soin qu'elles soient confectionnées aux justes dimensions et précisions des tableaux E. F. G. H., la moindre variation jetterait la perturbation dans tout le système de fabrication. — On recouvre le dessous des formes d'une plaque en tôle de fer de deux millimètres d'épaisseur environ, sur lesquelles les pointes viennent se river, lors de l'opération de la fabrication de la chaussure.

QUANTITÉ DE SÉRIES DE FORMES A FAIRE ÉTABLIR.

Les quantités de formes varient dans les séries,

suivant celles des chaussures que l'on veut faire faire.

L'indication du nombre est précisé pour chaque série dans chaque tableau E. F. G. H.

EXEMPLE.

Pour obtenir un assortiment complet de formes ou chaussures (nous disons formes ou chaussures, parce que les assortiments sont identiquement les mêmes);

Nous avons établi, pour la fabrication, des tableaux de proportions avec lesquels on procède comme il suit :

Admettant que l'on veuille faire 250 paires de chaussures assorties par jour, on se servira du tableau D. Pour la 1ère série (homme).

Pour 500 paires par jour, de la 2e série.

Pour 1000 paires par jour, de la 3e série.

Pour 1500 paires par jour, de la 4e série.

Pour 2000 paires par jour, de la 5e série.

Si l'on veut obtenir une 6e série, on ajoutera les chiffres de la 2e à la 5e.

Pour obtenir un plus grand assortiment dans la chaussure à fabriquer par jour, il faut toujours ajouter la 2e série, et l'on a le nombre voulu.

EXPLICATION DES TABLEAUX DE PROPORTIONS DES FORMES, DE LA COUPE DES SEMELLES, DES EMPEIGNES ET DE LA FABRICATION DE LA CHAUSSURE.

Ces tableaux, composés de huit colonnes verticales, contiennent exactement toutes les dimensions des longueurs, grosseurs et largeurs, ainsi que le nombre à faire établir sur chaque grosseur des 1ere, 2e, 3e, 4e et 5e séries.

La première colonne contient tous les numéros de longueurs des pieds, parfaitement justes.

La 2e colonne contient tous les numéros de largeurs et de grosseurs.

Remarque. — Tous les chiffres séparés contenus dans cette colonne, de 1 à 6, n'ont qu'un seul but, celui de faire distinguer toutes les grosseurs dans chaque longueur, et, à cet effet, chaque forme porte l'empreinte d'un poinçon indiquant la longueur et la largeur, conforme aux figures ci-dessous.

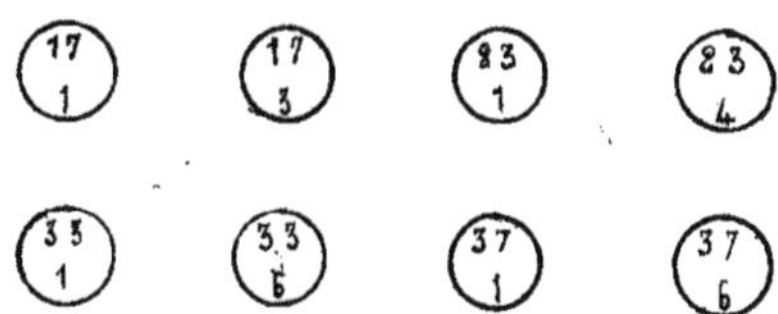

Les emporte-pièces des empeignes, semelles et talons portent les mêmes poinçons que les formes; de manière que, pour confectionner une paire de chaussures, on n'a plus qu'à prendre les matières premières portant le même poinçon que la forme dont on veut se servir.

La 3e colonne sert à indiquer combien on doit faire de paires de formes ou *de chaussures* sur chacun des numéros de largeurs, pris dans la 2e colonne.

EXEMPLE SUR LA 2e SÉRIE.

Nous prenons pour base le n° 37 (homme), en longueur et en grosseur.

Pour la longueur, première colonne, n° 37.

Pour la grosseur, sur le même numéro , toute la 2e colonne , c'est-à-dire , 1. 2. 3. 4. 5. et 6. , et, puisqu'il en faut, suivant le tableau , 2 paires sur chacun de ces numéros 1. 2. 3. 4. 5 et 6. de la 2e colonne , l'assortiment complet sera donc de 12 paires de formes ou de chaussures , pour le no 37 (homme), tableau 2e série.

Si nous n'avons pas d'abord parlé de la 1ere série, c'est qu'elle n'est que la moitié de la 2e, prise dans la 5e colonne.

3e série. Pour obtenir le nombre de formes ou *chaussures* de la 3e série , il faut doubler les chiffres de la 3e colonne , au lieu de 2 paires sur chaque no on en a 4 , soit ensemble 24 paires, dont 4 sur chacun des nos 1. 2. 3. 4. 5. et 6. de de la 2e colonne.

4e série. Pour obtenir le nombre de formes ou *de chaussures* de la 4e série , on ajoute la 2e à la 3e. La 2e étant de 12 et la 3e de 24 , on obtient 36 paires qui est le chiffre de la 4e série , soit 6 paires sur chacun des nos 1. 2. 3. 4. 5. et 6. de la 2e colonne.

5e série. Pour avoir la 5e série complète en formes ou *en chaussures* , on en fait faire 8 paires sur chacun des nos 1. 2. 3. 4. 5. et 6. de la 2e colonne, soit ensemble 48 paires.

DEUXIÈME EXEMPLE.

Prenant pour base le n° 41 (homme), tableau H.

Pour obtenir la série complète en formes ou *en chaussures* du n° 41, il faut faire faire, sur chacun des nos 1. 2. 3. 4. 5. et 6. de la 2e colonne, savoir :

Pour la 2e série,	8 paires,	ensemble	48.
Pour la 3e —	16	—	96.
Pour la 4e —	24	—	144.
Pour la 5e —	32	—	192.

Pour tous les autres numéros de longueurs, du plus petit pied au plus grand, on procède de la même manière que dessus, pour obtenir les séries de formes ou le nombre *de chaussures* à confectionner, la rectitude des chiffres indiqués dans chaque colonne des tableaux, E. F. G. H., ne pouvant jamais donner lieu à erreur, en prenant toujours pour base d'opération ceux de la 3e colonne.

Pour obtenir le nombre de la première série dans chacun des tableaux E. F. G. H., il faut toujours retrancher la moitié des chiffres contenus dans la 3e colonne du tableau sur lequel on opère.

TABLEAU H.

REMARQUE. — Si l'on a bien opéré dans la confection des formes ou ***des chaussures***, on aura trouvé, comme résultat, pour les séries complètes, savoir :

Pour la 1ere série	132	paires.
Pour la 2e —	274	—
Pour la 3e —	528	—
Pour la 4e —	722	—
Pour la 5e —	1056	—

Il est utile que toutes les séries de formes soient faites avant de procéder à la fabrication de la chaussure, cette mesure est de rigueur pour ne pas arrêter la marche et la rapidité de la confection.

EXPLICATION DU TABLEAU CONCERNANT LES DIMENSIONS DES SEMELLES POUR L'ÉTABLISSEMENT DES EMPORTE-PIÈCES SEULEMENT, DEPUIS LE PLUS PETIT PIED D'ENFANT JUSQU'AUX PLUS GRANDES DIMENSIONS DE CEUX D'HOMMES.

Variations de largeurs et de longueurs du numéro dix-sept pour enfants au numéro quarante pour femmes.

Chaque semelle varie d'un millimètre de largeur sur chaque numéro de longueur, et chaque longueur varie de six millimètres, de conformité au tableau I des semelles.

Variations de largeurs et longueurs des semelles du numéro trente-six au numéro quarante-sept pour la chaussure d'hommes.

Chaque largeur de semelles varie de deux millimètres d'un numéro à l'autre, et de six millimètres sur la longueur, également d'un numéro à l'autre, de conformité au tableau I des semelles.

Explication du tableau des plans du modèle des semelles.

Tous les profils des semelles représentés dans ce tableau sont les figures des modèles d'intérieur, appelées premières par les cordonniers.

En conséquence, pour établir les emporte-pièces à juste précision de longueurs et de largeurs, ceux des semelles extérieures devront toujours avoir en plus deux millimètres sur le pourtour de la partie formant la semelle, et quatre au pourtour du talon, que les semelles d'intérieur ou de premières.

La semelle de l'extérieur porte, par ce fait, six millimètres de longueur et quatre millimètres de plus que celle de l'intérieur ou premières, du numéro dix-sept au numéro quarante pour la chaussure d'enfants et de femmes dans les mêmes numéros.

Les emporte-pièces pour les semelles extérieures de la chaussure pour hommes du numéro trente-six au numéro quarante-sept, porteront au pourtour de la partie formant la semelle, trois millimètres, et six au pourtour du talon.

La semelle d'extérieur porte donc, par ce fait, neuf millimètres de longueur et six de largeur de plus que celle d'intérieur ou première, dans les mêmes numéros.

Remarque. — Il demeure expliqué que les profils contenus au tableau I des plans des semelles, ne sont établis que pour servir de bases dans les premiers numéros de chaque série; soit le numéro dix-sept pour enfants, le numéro vingt-trois pour fillettes et jeunes garçons, le numéro trente-un pour femmes, et le numéro trente-six pour hommes: et enfin, mais par exception, pour les numéros quarante pour femmes et quarante-sept pour hommes.

Pour tous les numéros dont les bases ne sont pas données, l'on suivra strictement l'échelle de proportions que nous venons d'indiquer.

LÉGENDE EXPLICATIVE

DU

PLAN D'UNE USINE MODÈLE.

La disposition de cette usine n'est rigoureuse que dans la communication et l'ordre dans lequel se suivent les ateliers servant aux divers travaux.

A. Passage conduisant à la cour centrale.

B. Bureaux.

C. Magasin de chaussures pour dames.

D. — — pour hommes.

E. Atelier N° 1. Coupage des empeignes.

F. — 2. Piquage des empeignes.

G. — 3. Coupage des semelles.

H. — 4. Apprêtage et magasin de formes.

I. — 5. Montage.

J. — 6. Ajustage et magasin de semelles.

K. — 7. Pointage des semelles.

L. — 8. Ajustage et pointage des talons.
M. — 9. Déformage de la chaussure.
N. — 10. Bordage et rachevage.

La forme partie du quatrième tableau H pour former la chaussure, a suivi successivement tous les ateliers; elle est reprise au dixième atelier N, et transportée par les cours extérieures PP jusqu'au numéro quatre où est son magasin; les ateliers 1, 2, 3 et 9 sont latéraux à la cour centrale et possèdent seuls des machines qui reçoivent leur mouvement d'un moteur à vapeur R, placé au centre de la cour par des courroies ou autres moyens. (Voir le tableau J.)

DESCRIPTION DU TABLEAU

DES BOISERIES DE L'USINE

REPRÉSENTANT

UNE FAÇADE DE RAYONNAGES ET DE PLACARDS.

(Voir pour tous les détails ci-dessous le tableau K.)

Les rayons doivent être recouverts de distance en distance par de petits liteaux pour former les petites cases aux dimensions voulues. (Voir le tableau K.)

Les placards contiennent onze rayons sur la hauteur, divisés en cinq parties par cinq liteaux placés verticalement, de manière à ce que les cases aient vingt centimètres carrés.

Les cases des soubassements devront avoir quarante centimètres carrés.

UTILITÉ DES BOISERIES.

3e ATELIER. — *De la préparation du cuir pour semelles.*

Les cases servent :

1° A contenir les emporte-pièces placés par numéros ;

2° Les semelles, les talons et les contreforts lorsqu'ils sont découpés, et placés également par ordre de numéros.

Chaque case doit porter le même numéro que les emporte-pièces et semelles qui doivent y être placés ; cette mesure est de rigueur pour éviter le mélange et la confusion des semelles et des emporte-pièces.

Ce troisième atelier doit contenir au moins de sept à huit cents cases, par rapport au nombre d'emporte-pièces des différents genres et des semelles découpées.

4e ATELIER. — *De l'apprêtage.*

L'atelier disposé pour l'apprêtage de la chaussure en voie de confection doit contenir au moins deux cents cases pour recevoir les semelles de l'intérieur ou premières ainsi que les contreforts.

Les formes doivent être placées dans l'atelier de l'apprêtage pour éviter toute perte de temps dans l'ordre de la distribution du travail.

Pour fabriquer deux mille paires de chaussures, il faut deux mille cinq cents paires de formes, attendu que deux mille paires sont continuellement employées pour la confection de cette quantité de chaussures. Les cinq cents paires de formes de supplément sont en rayons pour continuer le travail journalier et autres besoins du service. Dans la partie du rayonnage des formes, on supprime les liteaux pour qu'elles soient ensemble et par rangs de numéros, les rayons devant l'être comme les formes sur la face, pour éviter toute confusion dans le placement en rayons.

6e ATELIER. — *Ajustage.*

L'atelier pour l'ajustage des semelles doit être pourvu de deux mille cases (pareillement à celles déjà décrites), pour contenir celles en voie d'ajustage dans chaque genre de chaussure sortant du troisième atelier.

7e ATELIER. — *Ajustage des talons et pointage.*

Cet atelier doit être disposé de manière à contenir quarante cases de quarante centimètres carrés pour recevoir les pièces de cuir des talons sortant du troisième atelier.

MAGASIN DES EMPEIGNES.

Le magasin des empeignes piquées doit être disposé de la manière suivante pour la conservation du cuir ainsi préparé :

Il sera contigu au magasin de l'apprêtage pour éviter toute perte de temps.

On fixe des liteaux aux parois, sur lesquels sont posées de petites consoles en forme de crochets, formant galerie sur tout le pourtour intérieur du magasin ; on place les numéros de longueurs à l'extrémité de chaque liteau, de manière à ce qu'ils soient perceptibles au premier coup-d'œil pour le placement des empeignes.

Cet agencement, très-peu coûteux, offre un grand avantage pour la conservation de la marchandise, en ce qu'elle n'est jamais froissée ni détériorée.

MAGASIN DE LA CHAUSSURE CONFECTIONNÉE.

Nous ne dirons qu'un mot du magasin de la chaussure confectionnée, pour indiquer les dispositions de celui de notre *usine*.

Ce sont simplement des rayonnages en bois, de la profondeur de la chaussure, ayant des séparations du bas en haut pour distinguer les genres et les longueurs. A cet effet, tous les rayons sont numérotés conformément aux numéros de longueurs des chaussures qu'ils sont destinés à recevoir ; ce numérotage est de rigueur pour éviter tout mélange et confusion dans le placement de la chaussure.

DESCRIPTION

DES

MACHINES 1, 2 ET 3

DES BREVETS D'INVENTION.

Le travail à faire subir au cuir pour arriver à le rendre propice au travail de la chaussure, s'opère dans l'ordre suivant :

1° Coupage du cuir en bande, d'une largeur appropriée à la longueur des pièces que l'on veut employer;

2° Battage des bandes de cuir au moyen du marteau pour resserrer ses pores;

3° Découpage du cuir, battu en pièces, nécessaires à la chaussure, telles que semelles, demi-semelles, quartiers, talons, etc.;

4° Perçage de ce cuir, découpé pour recevoir la clouerie;

5° Poinçonnage de ces pièces, pour la reconnaissance de leur dimension.

Pour obtenir ces divers résultats, j'emploie les diverses machines ci-après :

1° Une machine à découper en bandes;

2° Une machine à battre le cuir ;

3° Une machine à découper en forme, percer et poinçonner.

Les deux dernières machines sont réunies ensemble, et, placées à la suite l'une de l'autre, semblent ne faire qu'un seul et même appareil.

Elles sont construites de manière à pouvoir être conduites soit par un moteur animé, tel que la main de l'homme agissant sur chaque machine séparément, soit par tout autre moteur, tels que la vapeur, l'eau et les animaux, agissant sur un manége mécanique, pour les conduire simultanément.

Le service du cuir aux machines, a lieu par la main de l'homme, sans qu'il ait autre chose à faire que de distribuer le cuir au travail, et le sortir lorsque le travail est opéré ; cette simplification et diminution du travail de l'ouvrier permet une grande rapidité et une grande précision dans le travail, précision que supprime une grande partie du travail d'achèvement de la chaussure, et par cela amène une grande économie dans sa confection.

MACHINE A DÉCOUPER EN BANDES.

Voyez la planche 1ere, figures 1, 2, 3.

Cette machine est destinée, comme je l'ai dit, à débiter le cuir en bandes d'une largeur déterminée par les dimensions des parties de la chaussure que l'on veut préparer.

Elle se compose d'une table A, établie assez solidement pour pouvoir résister à l'action du moteur qui est fixé, d'un arbre moteur B, garni à son extrémité de deux poulies C C, l'une de marche et l'autre d'arrêt, recevant leur mouvement du moteur principal ; sur cet arbre sont placés deux pignons ou petites roues d'angles D, D', qui peuvent tourner librement dessus tant qu'ils ne sont pas reliés à son mouvement par un autre agent, le mouvement de ces deux pignons est rendu solidaire par un troisième pignon D'', perpendiculaire aux deux premiers de manière à ce que le pignon D ne fait pas un mouvement, soit à droite, soit à gauche, sans que ce mouvement soit transmis, d'une façon inverse par le pignon D'', au pignon D'. Le mouvement est donné à ces pignons par un manchon d'embrayage E, clavetté sur l'arbre moteur, et pouvant griffer sur cet arbre pour tenir, embrayer et faire mouvoir, tantôt le pignon D, tantôt le pignon D', ou bien encore rester, entre ces deux pignons, sans les accrocher, et par conséquent, les laisser au repos. Le mouvement de ce manchon, pour glisser sur l'arbre A, lui est donné par la fourchette 1, attachée à la tige 2.

Le jeu de ces trois pignons est supporté, ainsi que l'arbre A, par les paliers F, F fixés en dessous de la table ; sur le même axe que le pignon D'', est fixée une roue à dents de loup G, recevant une chaîne à la Vaucanson H, dont l'emploi sera indiqué plus bas ; cette roue G suit le même mouvement que le pignon D'', mouvement alternatif de droite à gauche ou de gauche à droite, soit que l'on embraye le manchon E avec le pignon D, soit que l'on l'embraye avec le pignon D'.

L'appareil, proprement dit à découper, est fixé sur la table, il se compose d'un batis ou cage en fonte I, formant guide au charriot K, au moyen des pièces jumelles J qui y sont fixées à leurs extrémités ; dans le guide formé par ces trois pièces, glisse le charriot K en fer fondu. Ce charriot porte en dessous une lame circulaire en acier O, qui passe sur le bois de la table, et qui coupe le cuir; lorsqu'elle est entraînée par le charriot K, conduit lui-même dans le guide par la chaîne à la Vaucanson H, dont les extrémités sont attachées à chacun de ses côtés, et qui est tendue et dirigée par les quatre gallets L, L.

Le cuir étant placé sur la table, on le fait glisser sous le batis, le charriot étant à l'une des extrémités de l'appareil, ne gêne pas son passage, commence par affranchir ou dresser l'extrémité du cuir; pour cela le cuir étant placé, on le maintient au moyen de la règle M. Cette règle est une pièce en fer, fondue dans le sens de sa longueur, pour laisser passer, en la maintenant, la rondelle en acier O; et, à chaque extrémité de cette rainure, percée d'une ouverture dans laquelle peut passer le charriot K. Cette règle est conduite par deux tiges à ressort N, noyées dans l'épaisseur de la table, et dont le ressort tend toujours à la tenir soulevée; ces tiges sont reliées entr'elles dessous la table par le joug P attaché lui-même au levier à pédale Q. La poignée R peut faire marcher à droite et à gauche la tige 2, la fourchette 1, qui y est attachée, et par conséquent le manchon d'embrayage E.

L'ouvrier se place à l'extrémité de la table, à portée de la pédale Q et de la poignée R. Lorsque le cuir est avancé sous la règle il met le pied sur la pédale qui, agissant sur le joug P, fait fléchir les ressorts N et presser la règle qui maintient le cuir invariable, il saisit alors sa poignée, et, faisant embrayer la machine E, il fait marcher, par les pignons D, la chaîne à la Vaucanson qui entraîne le charriot K, et couper le cuir par la rondelle O qui glisse dans la rainure de la règle M. Arrivé à fond de course, le charriot rencontre l'une des touches S, attachées, par les leviers T, à la tige 2, la fait marcher, débrayer le manchon E, par conséquent arrête immédiatement la course du charriot; l'ouvrier cesse alors d'agir sur la pédale, la règle M se relève, entraînée par les deux ressorts N, pour laisser passer le cuir qui est coupé droit et que l'ouvrier saisit et ramène à lui jusqu'à ce que sa partie dressée rencontre les deux chevilles 3 placées sur les règles 4, graduées selon les différentes largeurs de bandes nécessaires. Lorsque le cuir est arrêté par ces chevilles, l'ouvrier, posant le pied sur la pédale, recommence la même manœuvre et débite ainsi les bandes de cuir.

2° MACHINE A BATTRE.

Voyez planche 2, figures 1, 2, 3.

Cette machine, comme je l'ai dit, est reliée à la troisième machine, et lui transmet son mouvement, elle est scellée sur une pierre de fondation commune aux deux machines; c'est sur cette pierre elle-même, grèsée et polie, qu'a lieu le battage du cuir.

Elle se compose d'un batis en fonte A, formant trois arcades attachées à la pierre de fondation par des boulons scellés dans cette pierre; ce batis est attaché, d'un côté, au palier B, et de l'autre, au batis de la troisième machine dans le centre de chacune des arcades est une coulisse ronde dans laquelle glisse le marteau; cette machine a donc trois marteaux c, c', c''. Ces marteaux sont de dimensions différentes; ils sont en fonte et creux, ce qui permet d'augmenter ou diminuer leur poids en remplissant ou vidant la partie creuse, avec des corps pesants, comme le plomb, etc. A la partie inférieure est clavetté un tasseau en acier, qui doit frapper le cuir, pour éviter des chocs accidentels entre le marteau et la pierre, qui pourraient les corrompre l'un et l'autre lorsque, par inadvertance ou oubli, il n'y aurait pas de cuir sur la pierre, le marteau est retenu, à la portée supérieure de la coulisse, par une embasse qui vient reposer sur cette coulisse. Au-dessus de cette embasse le marteau est mortaisé par son centre, et dans cette mortaise passe la came qui doit l'enlever. Cette disposition a le double avantage d'enlever par son centre, et de maintenir la came toujours dans sa mortaise, ce qui l'empêche de faire un mouvement circulaire, sans pour cela augmenter son frottement.

Les cames D sont placées sur l'arbre E, et calculées de manière à enlever le marteau à la hauteur voulue pour le lâcher tout à coup, le laisser retomber sur le cuir, et le relever immédiatement avant qu'il ait pu donner un second choc en rebondissant. Ces cames sont doubles, c'est-à-dire, que chacune soulève son marteau deux fois pendant un tour de l'arbre, et comme elles sont placées pour agir successivement, l'arbre n'enlève qu'un marteau à la fois avec grande rapidité, la vitesse de cet arbre étant d'environ soixante-quinze tours à la minute; chaque marteau frappe cent cinquante coups dans le même espace de temps. L'intervalle entre les coups est suffisant pour permettre à l'ouvrier, qui présente les bandes de cuir au battage, de les faire glisser pour les frapper dans tous ses points : le service de cette machine est donc fait par trois ouvriers.

Lorsqu'un marteau doit cesser de travailler, on glisse dessous un morceau de bois qui le tient élevé, et alors la came, passant dans la mortaise sans rien rencontrer, le laisse immobile.

L'arbre E reçoit son mouvement de celui F, qui prend le sien au moteur par les poulies G, G, et le transmet, par une roue 1, à un pignon 2. Sur l'arbre E, à l'autre extrémité de l'arbre E, est un pignon 4, qui n'agit avec cet arbre que lorsqu'il est entraîné par le manchon d'embrayage 3, clavetté sur l'arbre, et conduit par la poignée H, qui le maintient embrayé par le mentonnet I à ressort. ***C'est par ce pignon 4 qu'est transmis*** le mouvement de la deuxième à la troisième machine.

3° MACHINE A DÉCOUPER, PERCER ET POINÇONNER.

Voyez planches 1 et 2

Le découpage, perçage et poinçonnage a lieu au

moyen d'emporte-pièces disposés de la façon que l'indique la planche première, figures 4 et 5.

Ces emporte-pièces sont en fonte, et ont la forme de l'objet à découper, plus une partie en saillie ou ressaut devant servir de point d'appui aux lames ; ces lames, en acier, sont au nombre de quatre, deux *a*, *a* embrassent l'emporte-pièces ou elles sont fixées, qui servent à découper l'objet proprement dit : et deux *b*, *b* fixées par bout destinées à séparer la rognure de cuir qui pourrait rester attachée à la bande et gêner à la manœuvre. Les deux lames principales ont la forme exacte de la pièce de cuir telle qu'elle doit être toute terminée selon sa dimension respective ; aussi doit-on être muni d'emporte-pièces de toutes les grandeurs et toutes les dimensions, variant graduellement de deux millimètres en deux millimètres de différence.

Le service de ma machine à découper se compose de plus de deux cents emporte-pièces.

A ces emporte-pièces est fixée la plaque de perçage C. Cette plaque est percée d'un nombre de trous égal à celui que l'on veut percer dans la semelle ; ces trous sont coniques, le côté le plus large, appuyé contre l'emporte-pièce ; les trous sont garnis chacun d'un petit poinçon *d* aussi conique, qui vient le remplir exactement ; lorsque la plaque est ainsi garnie de tous ses poinçons, on la visse contre l'emporte-pièce et la tête ou partie la plus large de ces poinçons, étant appuyée contre l'emporte-pièce, ils en reçoivent la pression qui doit les faire pénétrer dans le cuir.

Le poinçonnage ou le numérotage de la dimension de la chaussure est fait pour éviter le tâtonnement et le jaugeage dans la recherche des dimensions dont l'on a besoin pour la confection; ce poinçonnage est en rapport avec le poinçonnage des diverses autres pièces qui composent la chaussure, et se conserve sur la semelle jusqu'après son achèvement, où il sert de moyen de reconnaissance pour la vente, ce qui permet à l'acheteur, qui aura trouvé le numéro qui lui convient, de demander de suite son numéro, certain qu'avec la précision de ce découpage, qui n'est, dans aucun cas, retouché par la main de l'ouvrier, et le rapport des autres outils, d'avoir une chaussure exactement semblable à celle de même numéro qu'il aurait prise précédemment, chose impossible avec les moyens employés jusqu'ici, dont le découpage primitif n'est pas le dernier, rachevé et rogné qu'il est par la main de l'ouvrier à qui il est impossible de faire, comme la machine, deux semelles parfaitement semblables.

Le poinçon *e* est taraudé dans le corps de l'emporte-pièce, il est en acier et peut se régler selon la profondeur de l'empreinte que l'on veut donner à l'épaisseur du cuir.

Au centre de l'emporte-pièce est le boulon *f*, qui attache cet emporte-pièce au coulant de la machine par le clavettage *g*. Ce boulon n'a jamais à soutenir que le poids de l'emporte-pièce, la pression ayant lieu sur l'emporte-pièce lui-même, qui est aussi percé de deux trous *h* livrant passage aux deux chasse-cuir dont la fonction sera expliquée plus loin.

La machine, qui fait fonctionner ces emporte-pièces, fait suite à la deuxième machine dont elle reçoit le mouvement ; elle est composée de deux batis J, J boulonnés à des boulons scellés à la pierre de fondation commune aux deux machines ; ces deux batis sont reliés entre eux par la traverse guide K, qui sert aussi de guide aux coulants ; ces batis portent deux paliers chacun, l'un supérieur recevant l'arbre de découpage L, à collets excentrés, et l'autre recevant l'arbre de transmission M, portant à une extrémité le volant N, et l'autre extrémité recevant, par la roue 5, le mouvement de la deuxième machine, pour le transmettre, au moyen des pignons 6, 6, aux grandes roues 7, 7 fixées sur l'arbre L de découpage qu'elles font mouvoir ;

les dimensions des engrenages sont telles, que l'arbre E faisant soixante-quinze tours, l'arbre M n'en fait plus que vingt-cinq, et celui L seulement cinq.

L'arbre L de dix centimètres de diamètre a, sur sa longueur, trois collets de cinq centimètres de diamètre excentrés de vingt-cinq millimètres, et dont la position, sur la circonférence d'excentrement, divise cette circonférence en trois parties, ce qui fait que ces parties n'arrivent que successivement et à des temps égaux aux points extrêmes de leur excentrement; à chacun de ces collets est fixée une bielle *o*, *o*, *o* dans laquelle il tourne, l'autre extrémité de cette bielle est attachée avec articulation au coulant P, dont l'embasse reçoit l'emporte-pièce. On conçoit, dès lors, que par suite de la position des collets excentrés, chaque coulant, muni d'un emporte-pièce, viendra découper tour à tour, et a des distances égales, sans que jamais deux emporte-pièces agissent ensemble; on comprend le but de cet arrangement, qui est de ne pas fatiguer inutilement la machine, et de répartir plus également les points morts et les points de travail, de manière à aider à la besogne du volant. Comme dans l'instant du découpage la résistance tiendrait à faire fléchir l'arbre L, et pourrait à la longue le fatiguer.

j'ai maintenu cet arbre par les colliers Q, Q fixés au guide traverse K, ce qui fait que cette partie supérieure de la machine forme, pour ainsi dire, un seul bloc.

Chacun de ces coulants est guidé d'une manière indépendante dans le guide K, ce qui permet de régler la marche d'un seul, sans déranger le réglage des autres. A ces coulants viennent se fixer les emporte-pièces au moyen des boulons *f* clavettés dans les embasses *i*, *i*, *i*.

Le découpage a lieu sur des plots en bois de bout *k*, *k*, *k*, placés sur un tabouret en fonte R, formant voûte au moyen de nervures ; ces plots sont fixés sur le tabouret par des lames en fer qui les retiennent, à queue d'aronde entre les tasseaux en fonte réunis au tabouret.

Lorsque le découpage a eu lieu, si le cuir est resté engagé dans l'emporte-pièce, retenu par les lames et par les poinçons de perçage, pour le dégager, j'emploie les chasse-cuirs *m*, *m*. Ces chasse-cuirs sont des tiges fixées à la traverse guide K, et passant dans les trous *h*, *h* des emporte-pièces, lorsque l'emporte-pièce remonte entraînant la pièce découpée. Cette pièce, rencontrant les chasse-cuirs qui sont fixés et qui dépassent de quinze millimètres le découpoir à fond de course, elle se trouve repoussée et se dégage de l'emporte-pièce pour retomber sur le plot d'où elle est enlevée par l'ouvrier.

Dans le coulant du milieu, destiné du coupage des talons et demi-semelles, le renvoi du cuir a lieu par le poinçon. (Voyez planche 1ere, figure 5). L'emporte-pièce est fixé au coulant par l'écrou *n*. Cet écrou est percé et traversé par une tige *o* recevant le poinçon *p*. Cette tige monte dans le coulant où elle est retenue par une clavette *q*. Pouvant glisser de quinze millimètres dans ce coulant, et dépassant de un centimètre de chaque côté du coulant, l'emporte-pièce en remontant enlève le cuir ; mais la clavette *q* rencontrant la traverse K, ne peut plus s'élever et retient par conséquent la tige *o*, qui appuyant sur le cuir le chasse, puisque l'emporte-pièce continue de s'élever de quinze millimètres après la rencontre de la clavette *q* avec la traverse K.

L'ouvrier chargé du découpage tient la bande de cuir et l'engage sous l'emporte-pièce, mais comme il faut que ce mouvement se fasse avec assez de rapidité, le cuir se trouve guidé et arrêté de manière à ce qu'il soit immédiatement à sa place.

Les guides (Voyez figures 4 et 5, planche 2e) se composent de deux pièces *r*, formant l'équerre, dont une des tiges est graduée et porte les numéros des dimensions. Comme l'emporte-pièce est toujours au centre, il faut que ces guides se rapprochent et s'éloignent d'un seul mouvement; ce résultat est obtenu par le mécanisme suivant : deux pièces S glissent guidées dans la fonte, et ont une rainure oblique dans laquelle est engagée une coupille fixée aux guides *r*; ces deux pièces *s* sont reliées par la traverse *t*, conduites par la vis *u*, qui, taraudée dans la fonte, fait avancer ou reculer la traverse *t* de la pièce *s*, qui, par leur rainure oblique, avancent les guides.

La pièce d'arrêt *x* est supportée sur un petit axe *v*; elle est maintenue sur le plot par le contrepoids *y* fixé dans l'axe *v* lorsque l'emporte-pièce coupe; un mentonnet à ressort s'engage sous la pièce *z*, et enlève l'arrêt à mesure que l'emporte-pièce se soulève, ce qui laisse le temps de chasser la rognure de cuir. Arrivée en haut de sa course, la pièce *z*, qui a décrit un arc de cercle, abandonne le mentonnet, et, sollicitée par le contrepoids *y*, laisse retomber l'arrêt.

Nota. Le perçage et le poinçonnage peuvent s'enlever, et le découpage a lieu seul, selon les besoins du travail.

DESCRIPTION

DE LA

MACHINE A COUDRE ET A PIQUER

PAR BREVET D'INVENTION.

Cette machine se compose d'un double bâtis en fonte AA, d'un arbre moteur B qui porte en son milieu une came triangulaire C, destinée à transmettre un mouvement alternatif aux pièces DD ; à droite et à gauche des bâtis, sur le même arbre B, sont placés deux excentriques EE qui transmettent un mouvement alternatif aux leviers FF. Ces leviers sont supportés par deux paliers II faisant partie des bâtis AA, et deux autres paliers KK faisant partie d'une plaque fixée aux semelles des bâtis.

A gauche de la machine est fixé sur l'arbre moteur un étrier L, formant double came guidé en ZZ. Cet étrier reçoit le mouvement d'un galet *a*, fixé sur l'excentrique E, lorsque le galet *a* force l'étrier à s'élever ou à s'abaisser, celui-ci agit sur le levier M qui, à son tour, fait élever ou abaisser la pièce N.

Le levier M est fixé par le boulon *b* de la pièce graduée qui peut coulisser dans ses guides *ee*, ce qui permet d'allonger ou de raccourcir le bras de levier *b*, *c*, il porte à son extrémité gauche un contre-poids aux pièces LN, afin d'empêcher à cette dernière de descendre par son propre poids, avant d'être commandée par le mouvement du galet *a*.

Lorsque l'étrier L, et, par suite, la pièce N s'élèvent, celle-ci entraîne avec elle huit cliquets *ff'f''*, etc. Quatre de ces cliquets, ceux de gauche, poussent les rochets O en montant. Les quatre autres les poussent en descendant ; les rochets, et par suite le pignon P fixé sur le même arbre ont, par ce moyen, un mouvement circulaire continu qui imprime à la crémaillère Q un mouvement rectiligne continu de gauche à droite.

Les rochets O ont une même denture et ne font qu'une même pièce ; les cliquets ont des longueurs différentes entre elles de un quart de dent du rochet, de sorte que, quand l'un est au fond d'une dent, le deuxième en est au quart, le troisième à la moitié, et le dernier aux trois quarts. Cette disposition permet en augmentant ou en diminuant le bras de levier *bc*, de produire sur l'arbre des rochets O, ou du pignon P, un mouvement qui varie à volonté. Alors nous faisons glisser la pièce graduée *d*, à l'effet d'obtenir le point que nous voulons faire.

Les pièces à coudre se placent entre deux plaques ou porte-pièces RR' (Planche 2) qui ont la forme de la couture à exécuter; au milieu est ménagée une rainure pour le passage des aiguilles. Elles sont liées ensemble par des goujons à demeure dans l'une des plaques, ayant un logement dans l'autre plaque, afin que les rainures correspondent exactement et par des vis destinées à les rapprocher plus ou moins, suivant l'épaisseur de la matière à coudre.

Ces porte-pièces, ainsi préparés, sont placés entre les plaques SS. Ils sont retenus d'une part par les guides TT fixés sur la crémaillère, l'un claveté, et l'autre par une vis de pression. Le guide T claveté sur la crémaillère porte un galet intérieurement; le guide T' porte un ressort qui presse constamment les extrémités des porte-pièces contre le galet fixé en T.

Sur la plaque inférieure est fixé un galet G, qui empêche au porte-pièces de se jeter en dehors à l'endroit où se fait la couture. Deux autres galets G' G'' sont fixés sur la pièce H constamment poussée en dehors par deux ressorts placés sur une traverse fixée au batis, lesquels agissent sur les extrémités de gauche ; la ligne de couture passe de cette manière en un point fixe sur l'axe de la machine passant par le galet G ; c'est à ce point que les aiguilles agissent.

Il est essentiel que la pièce s'avance d'un mouvement uniforme ; ce mouvement lui est donné des roues d'angle PP'P''. L'arbre sur lequel est fixé le pignon P porte au-dessus deux autres roues droites qui engrènent sur la crémaillère Q', qui est fixée d'une manière invariable par des entre-toises au porte-pièces.

La denture particulière de la crémaillère Q n'en exige qu'une seule pour toutes les formes de couture. Cette crémaillère se compose de deux plaques exactement semblables au porte-pièce ; seulement la rainure ménagée au milieu est assez grande pour renfermer le tourillon des dents qui sont des fuseaux tangents les uns aux autres par leurs embuses ; ils peuvent être enlevés et replacés à volonté. La came triangulaire C, en tournant, produit un mouvement alternatif sur les tiges DD' guidées par des coulisseaux fixés aux extrémités des arbres VX dont le jeu est réglé par des rainures pratiquées dans les batis ; les tiges DD' transmettent leur mouvement, l'une à l'arbre X', et par suite à l'arbre X'' reliés entre eux par le porte-aiguilles inférieur. Les autres D' le transmettent à l'arbre V', et par suite aux arbres YY' (reliés entre eux par le porte-aiguille supérieur) au moyen du crochet *h*. (Fig. 4.)

Quand l'arbre V' poussé par la came C au moyen des tiges D' s'élève, le crochet *h* tend à s'élever avec lui, et entraîne en même temps le levier *i* fixé par son axe au porte-aiguilles, et par suite aux arbres YY'; le levier *i* soulevé à son extrémité par le crochet tourne autour de son axe, et produit par le point *j* un effort sur la tige K qui la fait tourner autour de son axe *l* et pousse la pièce *m*; celle-ci presse contre la pièce *n* les aiguilles engagées entre les épaulements des pièces *m* et *n* au moment où le porte-aiguilles inférieur les a forcés à traverser la pièce à coudre; les divers mouvements que nous venons de décrire se sont opérés au moment où l'arbre V' va s'élever. Il continue son mouvement ascendant emportant avec lui les aiguilles.

Les pièces *m n* sont disposées pour recevoir trois aiguilles, dont deux seulement portent du fil; la première est destinée à percer la matière à coudre, afin que les deux autres ne rencontrent aucune résistance, ce qui pourrait occasionner la rupture du fil.

Le porte-aiguilles supérieur tend par son poids à s'abaisser ; mais il ne le peut que lorsque la came C le permet. Il n'en est pas de même du porte-aiguilles inférieur qui tend aussi à s'abaisser. Pour le soumettre au mouvement de la came, nous fixons sur la plaque qui porte les paliers KK deux ressorts ZZ qui poussent le porte-aiguille constamment contre la came.

Pendant que le porte-aiguille inférieur poussait les aiguilles, et que le porte-aiguilles supérieur venait les prendre pour les élever au-dessus des plaques SS, le levier F a reçu de l'excentrique E un mouvement qui le ramène vers la droite de la machine. (Fig. 1.) Ce levier entraîne avec lui un appareil. (Fig. 5.)

Cet appareil se compose d'un crochet *p* sur lequel agit le ressort *q*. Quand l'appareil revient vers la droite guidé par les bandes *yy*, le crochet qui avait échappé la traverse *r* s'y fixe de nouveau, et continue son mouvement. (L'appareil et le levier n'ont alors plus qu'un même mouvement.) La pièce *t* à laquelle est fixée la traverse *r* porte à son autre extrémité un ressort à boudin fixé par l'extrémité opposée à une autre pièce *u*. Sur le côté de cette pièce *u* sont fixés deux galets *v v'* sur lesquels est enroulée une courroie sans fin. Au-dessus et au-dessous des galets et sur la courroie, sont fixés deux crochets *xx'* qui dans ce mouvement dépassent le point de couture, accrochent leur fil en revenant, le tirent et font serrer la couture. Si le fil n'est plus assez long pour permettre au levier F d'entraîner l'appareil (fig. 5) jusqu'au fond de la course, le ressort à boudin se tend jusqu'à ce que son énergie, moins forte que le fil, dépasse celle du ressort *q*. Il faut alors considérer cet appareil comme devenu fixe. Le levier F fait faire une oscillation à la bielle U qui force le levier *a' b' c'* à tourner autour du point fixe *b'*. Le point C' presse le crochet *q*, et lui fait échapper la traverse *r*.

Cette opération s'est accomplie au moment où l'aiguille est retenue au-dessus des plaques SS pendant le passage de l'arc de la came.

Lorsque l'aiguille s'élève, elle est accompagnée par une pièce 3 destinée à la retenir quand le serrage du fil s'opère.

La courroie sans fin, placée sur les galets, permet aux crochets de tendre le fil d'une manière plus uniforme.

Le levier F continue sa marche. Arrivé presqu'au fond de sa course, il rencontre un nouveau coulisseau lié à la pièce J. (Fig. 6.) Au moyen d'un fil de fer, il imprime donc à cette pièce un mouvement qui achève le serrage du fil.

Cette pièce J, dans laquelle passe le fil, est encore destinée à produire un autre effet. Elle est constamment pressée vers la droite par le levier 4, sur lequel agit le ressort 5 fixé à la plaque S. Si pendant le travail le fil se casse, la pièce J cède à l'effort exercé par le ressort 5, et lorsque le porte-aiguilles arrive à fin de course, l'épaulement du levier 4 s'engage dans le crochet ménagé sur le côté inférieur et postérieur du porte-aiguilles. Un autre levier 4 arrête l'autre porte-aiguilles lorsqu'il est aussi arrivé à fin de course. Ces leviers transmettent leur léger mouvement aux poignées 6 et 7 au moyen des arbres sur lesquels sont fixés les leviers et les poignées. Celles-ci agissent sur le verrou 8 qui, en s'élevant, détermine au moyen de la manivelle 9 un mouvement suffisant pour entraîner le centre de gravité de la boule 10, au dehors de la verticale. Passant par l'arbre auquel elle est fixée, le poids de cette boule continue le mouvement de rotation de l'arbre, et fait débrayer les cliquets par la pièce K qui lui est fixée.

La machine est alors arrêtée, ou du moins, quoique les pièces principales reçoivent encore le mouvement du moteur B, elles ne produisent aucun effet sur le travail, et l'ouvrier chargé de la conduire est averti que l'un des fils est cassé.

L'ouvrier, pour réembrayer quand il a remplacé le

fil, doit alors abaisser les poignées 6 et 7 qui dégagent les leviers 4 et 4' des porte-aiguilles, et relever la boule 10 qui laisse libre le jeu des cliquets. Ceci fait, l'opération recommence.

La machine étant prête à fonctionner, il s'agit de placer la pièce à coudre et les aiguilles.

Pour cela, on repousse en arrière le porte-gallets H, et l'on introduit entre les gallets GG'G'' les porte-pièces entre lesquels est fixée la matière à coudre ; on place alors les trois aiguilles. Pour cette opération, l'ouvrier chargé de conduire la machine abaisse à la main la poignée du levier *h*, et lui fait prendre une position horizontale. Par ce mouvement, le bras *h'* de ce levier appuie contre le bras vertical du levier *i* qui recule ainsi que l'épaulement *j* de la même pièce et qui entraîne les pièces *m m'* qui pour lors se séparent des pièces fixes *n n'* et laisse libres les places destinées à recevoir les aiguilles qu'on y introduit en les y enfilant de pardessous. Les aiguilles ainsi introduites, l'ouvrier relève alors la poignée du levier *h* ; le bras du levier *i* ainsi que la touche *j* reprennent leur première position. Les pièces *mm'* viennent presser les aiguilles pour les mettre en place ; le travail est alors prêt à commencer. Pour cela, l'ouvrier décroche les porte-aiguilles en appuyant les mains sur les poignées 1, 2, 6 et 7. Les leviers 4 et 4' à embases, fixés aux arbres de ces poignées reculent en arrière et laissent les porte-aiguilles libres, l'un de s'abaisser et l'autre de s'élever et de recevoir le mouvement de la came C. Il faut encore élever la boule 10 qui, au moyen de la tringle 11, fait élever la pédale 12, et, par suite, enclancher les barres d'excentrique. Les cliquets *ff' f''*, etc. peuvent alors s'engrener librement avec les dents des rochets dont les fonctions sont déjà décrites, et les excentriques transmettent leur mouvement au levier F.

Quand la pièce est achevée, il faut, au moyen de la pédale 12, déclancher les excentriques. La tringle 11 fait débrayer les cliquets. Il reste à élever les poignées 1, 2, 6 et 7, afin d'arrêter la marche des porte-aiguilles.

Cette machine est donc susceptible d'effectuer toute espèce de couture, telle que celle désignée par les pièces figurées planche 2.

MÉMOIRE DESCRIPTIF

D'UNE MACHINE

A DEFORMER LA CHAUSSURE.

Le déformage, en termes de cordonnerie, n'est autre chose que la série d'opérations successives, prenant la chaussure construite brute pour l'amener à un parfait achèvement.

Les perfectionnements à la machine primitive, décrite dans le Brevet principal et faisant l'objet de cette addition, consistent :

1° Dans la disposition générale de l'appareil, pour en rendre la manœuvre plus facile et plus précise ;

2° Dans le mode de fixation de la chaussure aux supports, et la manœuvre de ses supports sous les outils ;

3° Dans l'emploi de la vapeur au chauffage des outils travaillant à chaud ;

4° Et, en résumé, dans une machine perfectionnée et augmentée, établie sur le système du Brevet principal, de l'emploi d'outils tournant avec rapidité, d'outils aux mouvements alternatifs.

Pour la clarté de cette spécification, je décrirai les opérations exécutées par la main de l'homme pour le déformage et l'ordre dans lequel elles se succèdent pour reproduire cette même série d'opérations au moyen d'appareils mécaniques, en les exécutant, à peu de chose près, dans le même ordre.

DU DÉFORMAGE.

Le déformage, ou plutôt le rachèvement de la chaussure a lieu de la manière suivante, par les procédés manuels en usage.

La chaussure, encore garnie intérieurement de la forme qui a guidé sa confection, est à peu près terminée en ce qui concerne l'empeigne et le quartier ; mais la semelle, proprement dite, n'a pas acquis sa forme ou sa tournure définitive ; ses bords sont irréguliers, sa surface est bosselée par les inégalités qui existent dans l'épaisseur du cuir ; le talon, composé de diverses pièces de cuir superposées, est brut, difforme et loin d'avoir la tournure élégante que lui donne le fini.

L'ouvrier commence d'abord par dresser le dessous de la semelle au moyen d'outils à cet effet, tels que rapes, limes, tranchet, etc., puis ensuite coupe droit et perpendiculairement à la semelle l'intérieur du talon; cette première partie du travail nous la nommerons travail du dessous.

De là l'ouvrier donne la forme au talon au moyen du tranchet et de la rape, enlève les bavures du cuir autour de ce talon près du quartier au moyen du couteau à ébourer; le talon ayant acquis sa forme définitive est lissé au moyen d'un fer chaud passé avec force et resserrant tous les pores du cuir de manière à former une surface parfaitement lisse ; puis, pour le terminer, il reçoit l'action d'un fer orné, dit molette, qui imprime sur la partie rapprochée du quartier une espèce de moulure ou guillochis ; à cette dernière partie du travail nous donnons le nom de : travail du talon.

La troisième et dernière partie consiste à rachever le reste du bord de la semelle; pour cela on enlève toutes les rugosités qui déparent ce bord, on rend son épaisseur égale tout le tour de la chaussure puis, au moyen de fers chauds de différentes formes, on lisse aussi cette partie; la chaussure alors est déformée, nous nommerons cette opération : travail du devant.

Les dessins

Pl. 1ere l'ensemble de la machine à déformer.

Pl. 2me le chariot destiné au travail de dessous.

Pl. 3me le chariot destiné au travail du talon.

Pl. 4me le chariot destiné au travail du devant.

Pl. 5me les détails des outils.

PLANCHE PREMIÈRE.

La machine se compose d'un bâtis en fonte formé par quatre montants A, A, A, A, réunis entr'eux par les traverses inférieures B et les traverses supérieures C; en arrière de la machine, et supporté sur les montants, est l'arbre D devant recevoir le mouvement d'un moteur quelconque par le cône E destiné aussi à varier sa vitesse.

Au bas de la machine, et supporté par les deux premiers montants de droite, se trouve placé l'arbre F recevant le mouvement du moteur par la poulie G, et la poulie G' folle, pour son débrayage; il transmet son mouvement aux arbres porte-outils H, H' par les grandes poulies I, I' débrayant à manchons au moyen des poignées J, J' et des poulies K, K' clavetées sur les arbres H, H'.

Les deux montants de droite supportent la vis L tournant dans deux palliers, et conduite par la poulie M., recevant son mouvement de celle M' clavettée sur l'arbre D; la vis L se débraye d'avec sa poulie au moyen d'un manchon conduit par une fourchette N, mise en mouvement de tous les points de l'espace compris entre les deux montants, par la tige O.

Les traverses B, parfaitement dressées à leur partie supérieure, reçoivent les trois chariots destinés au travail, celui du travail du dessous pouvant courir dans l'espace compris entre les deux premiers montants de droite, celui du travail du talon pouvant aussi courir entre les montants du milieu et celui du travail du devant, fixé entre les deux montants de gauche.

CHARIOT DU TRAVAIL DU DESSOUS Pl. II.

Ce chariot se compose d'un massif A en fonte, dans lequel glisse la tige D, il est garni en dessous de son plateau de six galets C, qui lui permettent de rouler facilement sur les traverses B; du bâtis, il est conduit sur ces traverses par la main de l'ouvrier, qui l'amène successivement sous les outils en commençant par la droite, et lorqu'il est arrivé sous le dernier outil à gauche, le fait retourner d'un seul coup à son point de départ; lorsque le chariot est amené sous l'outil qui doit travailler, l'ouvrier pour le rendre fixe serre, par les manivelles E, les deux mors F qui embrassent avec force la bande supérieure de la traverse B, sur laquelle court le chariot, et le rendent immobile.

La tige D, qui traverse de part en part le massif du chariot, serait tenu toujours au fond inférieur de sa course, par son poids et celui de l'appareil qu'elle supporte pour pouvoir l'élever; elle est prise par le levier G qui tient au chariot par le support H; le milieu de ce levier est engagé dans une mortaise au bas de la tige D; son extrémité est reliée par une tringle, au deuxième levier I supporté par la tige K fixée au chariot et recevant son mouvement par une tringle L supportant un étrier sur lequel l'ouvrier appuye le pied, et par ce moyen peut élever ou abaisser la tige D et l'appareil qu'elle supporte.

Au sommet de la tige D, et s'articulant avec elle par une charnière est la cage-guide M; cette cage-guide en fonte est ouverte dans sa longueur d'une large rainure dans laquelle peut glisser juste la pièce N, conduite dans cette marche par la vis O qui la traverse tout en restant fixée à la cage-guide et ne pouvant opérer qu'un mouvement circulaire au moyen du volant P, conduit par une des mains de l'ouvrier; ce mouvement circulaire imprime donc à la pièce N un mouvement de va et vient alternatif à la volonté de l'ouvrier; la pièce N forme deux oreilles recevant les deux vis à pointe Q, étreignant la pièce R, et lui permettent d'osciller dans un plan vertical perpendiculaire à l'axe de la machine; cette pièce R reçoit à coulisse la pièce S, sur laquelle se fixe la griffe portant le soulier; cette pièce, qui peut tourner dans la pièce R de façon à présenter toutes ses faces à l'ouvrier, est maintenue, une fois sa position arrêtée, par la vis de pression T; elle est aussi munie de deux poignées U, U', qui sont saisies par l'autre main de l'ouvrier.

On voit déjà, par ce qui précède, que l'ouvrier, au moyen de ses deux mains et de l'un de ses pieds, peut élever ou abaisser la pièce S, par la pédale, la faire aller à droite et à gauche dans un plan parallèle à l'axe de la machine, et la faire osciller dans le même plan par la main de l'ouvrier agissant sur le volant P, et la faire aussi osciller dans un plan vertical perpendiculaire à l'axe de la machine par l'autre main de l'ouvrier agissant sur l'une des deux poignées U, U'; en résumé, cette pièce S, qui doit recevoir la griffe porte-chaussure peut présenter la chaussure dans tous les sens et toutes les inclinaisons sous l'outil qui doit la travailler.

Les figures 1, 2 et 3 de cette planche sont les trois projections de ce chariot, les figures 3, 4 et 5 sont les trois projections de sa griffe porte-chaussure.

Cette griffe qui se fixe, comme nous l'avons dit, sur la pièce S au moyen de boulons, est construite de manière à recevoir et maintenir solidement toute espèce de chaussure, bottes, souliers, etc., quelleque soit sa dimension; elle se compose d'un bâtis 1 en fonte fixé à la pièce S; ce bâtis porte deux tiges-guides 2, 2 fixe', et sur lesquelles glissent les pinces

3, 3, serrées au moyen de la vis de serrage, dont la moitié est filletée dans un sens, et l'autre moitié à l'inverse, ce qui fait que lorsqu'on serre ou desserre cette vis les deux pinces 3, 3 s'éloignent chacune ou se rapprochent d'une quantité égale et maintiennent, par ce moyen, la chaussure toujours au centre de la griffe quelle que soit sa dimension; ces pinces saisissent le soulier, comme l'indique le dessin, sur l'empeigne près de la semelle en laissant cependant celle-ci complètement libre pour pouvoir la travailler; le derrière de la chaussure en contre-bas du talon est placé entre les deux tiges en fer 5, 5, dont les extrémités sont garnies de coussins élastiques recouverts en peau douce pour ménager la peau du quartier de la chaussure, surtout pour celles en vernis; ces tiges 5, 5, guidées dans le bâtis 1, sont conduites en serrage par les coins 6, 6 attachés eux-mêmes, par des bandes en métal, à la pièce de serrage 7, munie d'une vis 8 agissant sur une pièce en fer 9, ou coussin garni comme les tiges 5, 5; ce coussin vient s'appuyer à la naissance du talon, et lorsqu'on presse par la vis 8, le coussin 9, servant d'appui sur la chaussure, la pièce 7 s'éloigne entraînant après elle les coins 6, 6 qui rapprochent forcément les tiges 5, et leur font serrer la chaussure dans la partie du quartier plus mince que le talon, ce qui empêche la chaussure de s'enfoncer dans la griffe, tandis que la pièce 9, pressant presque sur le talon, l'empêche de s'enlever; sous le bout du pied et pour le soutenir, est placé un coussin 10 en fer, garni de peau, glissant dans les rainures 11 et pouvant prendre toutes les inclinaisons, afin de bien porter d'aplomb contre la chaussure, il est serré contre celle-ci maintenue par les pinces 3, 3 au moyen du petit arbre 12, portant deux cames 13, agissant contre la pièce 14 qui porte le coussin 10; cet arbre 12 et la vis 4 sont serrés au moyen d'une clé à manivelle qui leur est commune.

CHARIOT DU TRAVAIL DU TALON, Pl. III.

Ce chariot se compose d'un massif en fonte A, glissant sur les traverses B du bâtis; il coulisse dessus au moyen de surfaces dressées parfaitement et maintenues pour ne pas s'enlever ni s'ébranler, par des coulisses à queue d'aronde C; rapportées et mises en serrage par des vis de pression D.

Comme ce chariot doit se mouvoir et s'arrêter avec la plus grande précision sous les outils, il ne pouvait être conduit et arrêté par la main de l'ouvrier sans intermédiaire; pour cela il est mené par la vis L placée au-dessous et entre les traverses B du bâtis; dans le massif A du bâtis et traversé par la vis L, est un écrou mobile E, tournant juste dans ce massif; cet écrou porte, fondu avec lui, un pignon d'angle engrenant avec le pignon F claveté sur l'arbre G, et conduit par le volant H, claveté sur cet arbre et sortant en dehors des traverses B. Il est évident que la vis L étant immobile lorsqu'elle n'est pas embrayée avec sa poulie, si l'on agit sur le volant H, l'ouvrier fera avancer ou reculer le chariot au moyen de l'écrou mobile et l'arrêtera au point exact qu'il désire, selon la demande du travail; il pourra donc présenter successivement, en commençant par la droite, son chariot sous tous les outils; et, arrivé au dernier outil, lorsque cet outil a opéré son travail, il faut ramener le chariot tout d'une traite jusqu'à la droite, point du départ; cette marche en arrière serait trop longue si elle avait lieu en agissant sur le volant H, pour aller plus rapidement. L'ouvrier, maintenant le volant H, rend l'écrou immobile, en embrayant la vis L avec sa poulie, imprime à celle-ci un mouvement rapide de rotation; la vis tournant, l'écrou rendu fixe entraîne le chariot jusqu'à son point de départ où il rencontre une touche placée sur la tige du débrayage, et, faisant débrayer la poulie, rend la vis L immobile et permet alors de recommencer le mouvement de marche du chariot.

Dans le massif A glisse une tige creuse I, qui s'élève et s'abaisse par le mécanisme suivant :

Le fond de cette tige est taraudé pour servir d'écrou à la vis J, qui est cachée dans la coulisse du massif; à cette vis est claveté l'engrenage K, commandé par l'engrenage M monté sur l'arbre vertical N, tournant dans des coussinets tenus avec le massif A, et s'élevant au-dessus du plateau de ce massif où il est terminé par une manivelle qui est ainsi à portée de l'ouvrier, et lorsqu'il agit sur elle, il peut, selon qu'il transmet son mouvement à droite ou à gauche à la vis J, élever ou abaisser la tige creuse I. Cette tige creuse peut s'obliquer à droite ou à gauche pour le réglage de la chaussure sous l'outil où elle doit rester invariable une fois placée, cette direction lui est donnée de la manière suivante :

Elle traverse l'œil du segment O, dans lequel elle glisse sur une clavette, ce qui la force à suivre le mouvement horizontal de ce segment sans pour cela se déranger de son mouvement vertical direct, le segment O engrène avec la vis sans fin P, qui est mise en mouvement par la main de l'ouvrier, agissant sur le volant Q, par lequel il règle l'obliquité.

La tige creuse est terminée, à son extrémité supérieure, par les deux galets R, dont l'usage sera indiqué dans la suite.

Dans cette tige creuse I, glisse la tige pleine S, terminée, à son sommet, par un massif dans lequel tournent les pièces portant la griffe qui doit tenir la chaussure; cette tige est traversée par un axe T, portant deux excentriques U, et un engrenage V, qui commande celui X, au-dessus fixé sur l'axe Y; l'axe T reçoit son mouvement de la main de l'ouvrier par le volant Z.

L'axe Y porte d'un côté, comme il a été dit, l'engrenage X, et, de l'autre, faisant corps avec lui, la partie *a*, qui reçoit la griffe devant tenir la chaussure; cet axe est maintenu par la vis de pression *b*, qui s'engage dans le grain d'orge *c* et lui sert de collets, seulement lorsque la chaussure passe sous les outils tranchants; mais quand elle est sous les outils chauds à lisser, outils qui ont une garde comme il faut que le dessous du talon soit pressé contre cette garde, pour former une vive arrête, l'ouvrier desserre la vis *b*, et l'arbre devenant libre de glisser à droite et à gauche, est maintenu serré en arrière par les ressorts *d*, *d*, qui sont placés entre la partie massive de la tige S et l'engrenage X, qui, pour faciliter ce jeu sans désengrèner avec celui V, est plus épais environ du double de celui-ci.

La griffe qui reçoit et maintient la chaussure dans le travail de ce chariot est représentée par les figures 4 et 5 de la planche III, tandis que les figures 1, 2, 3, représentent le chariot destiné au travail du talon.

Cette griffe se compose d'une pièce en fer *e* recevant un boulon *f*, et entaillée en *g*, pour que l'intérieur du talon repose dessus et contre cette pièce où il est retenu par trois petites pointes qui s'engagent dans le dessous du talon ; le boulon *f* retient tout, en leur permettant de fléchir dans tous les sens les deux pièces *h* qui portent un bouton *c* garni de peau pour servir d'appui contre le cuir sans le détériorer ou l'écorcher ; entre les deux lamelles, qui forment les pièces *h*, s'engagent ou s'accrochent à la tige du bouton *i*, soit au premier, soit au deuxième cran: 1° La pièce *k*, par chacune de ses extrémités, à chacune des pièces *h*'; 2° et les bandes *i*, *i* venant se réunir, avec articulation par la pièce *m* et L, les pièces K sont garnies et enveloppées de peau, toujours pour la conservation de la chaussure. La pièce *m* est munie d'une vis de pression agissant sur la pièce coussin *n*, guidée par les tiges *o*, *o*, passant dans la pièce *m*; le coussin *n* est garni de peau comme toutes les pièces en contact direct avec le cuir de l'empeigne.

Lorsque le soulier est placé et serré par la griffe, il est dans la position indiquée par les figures 4 et 5, le serrage le forçant à s'appuyer contre la pièce *e*; cette pièce *e* vient se placer entre les deux oreilles *p*, *p* de la partie *a* où elle est maintenue par les pointes des deux vis *q*, *q* qui retiennent sa partie supérieure en lui permettant d'osciller par sa partie inférieure prise entre les deux pièces *r*, et maintenue dans la position voulue par l'écrou *s*, agissant sur la vis *t*, qui fait partie de la pièce *e*.

Lorsque l'ouvrier a fixé le soulier au moyen de la griffe, il le place au centre en le réglant par les deux vis *q*, *q*, et le met d'aplomb au moyen de l'écrou *s*, en avançant ou reculant la partie inférieure de la griffe; ensuite il amène, par le volant H, le chariot à sa position exacte sous l'outil; par le volant Q il l'oblique ou le dresse suivant le besoin; puis il agit sur la manivelle de l'arbre N qui transmet son mouvement à la vis J, et enlevant la tige creuse I, rapproche la chaussure de l'outil, selon la quantité de cuir à enlever.

Il agit alors sur le volant Z, met ainsi en mouvement l'axe T, et par les engrenages V, X l'axe Y; dans ce mouvement, les excentriques U qui supportent seules la tige S sur les galets de la tige creuse I, et qui sont taillées selon la forme voulue à mesure que la chaussure tourne avec l'axe Y, éloignent ou rapprochent de l'outil, selon la forme à donner, la tige S, et, par conséquent, la chaussure dont le talon acquiert cette forme en venant successivement présenter à l'outil tous les points de sa circonférence à la distance déterminée par la forme des excentriques U, U'.

On conçoit que, par le simple changement, des excentriques U, U', on peut obtenir la forme de talon que l'on désire ou que la mode exigerait.

Pendant que l'on travaille sous les outils tranchants la vis *b* maintient l'arbre Y serré contre le massif à l'extrémité de l'arbre J ; mais quand on arrive sous les outils chauds, le dessous du talon devant presser la garde de cet outil, on desserre la vis *b*, et on fait porter la garde contre le talon en reculant le chariot en entier et faisant fléchir les ressorts *d*, *d* ; on agit alors sur le voland Z, et en tournant soit que le dessous du talon, qui n'est pas toujours dans un plan vertical, perpendiculaire à l'axe de la machine, tende à s'éloigner de la garde, il est toujours ramené par l'effet des ressorts *d*, *d*.

CHARIOT DU TRAVAIL DU DEVANT.

Ce chariot est composé d'un massif A en fonte, supporté sur les traverses B du bâtis, et maintenu fixe sur ces traverses par la traverse C, se serrant contre elle au moyen d'écrous D, D. Au travers du massif A, passe une tige verticale E; cette tige est tenue constamment élevée au moyen du levier F et du contre-poids G, s'éloignant ou se rapprochant sur le bras du levier ou s'augmentant et se diminuant suivant la pression que l'on veut obtenir.

La tige E est surmontée d'une pièce en fonte H, au-devant de cette pièce et fixé par des boulons *a*, est placé le chassis-guide I; ce chassis est traversé, ainsi que la pièce H, par la tige ronde J, qui vient sortir entre les deux bras du chevallet K, portant une vis de pression L servant à bander le ressort M, qui porte, d'un côté, sur cette vis et de l'autre sur la tige ronde J, qu'il tend continuellement à renvoyer en dehors. L'extrémité de la pièce J, qui sert au-devant du chassis-guide I, est faite en forme de coulisse et reçoit de manière à ce qu'elle puisse glisser dedans la pièce N, qui porte la griffe maintenant la chaussure.

A cette pièce N est attaché un galet O assez long, s'engageant d'une part dans la tige P, et d'autre part dans la coulisse du chassis-guide I; cette tige P est prise dans le chariot Q, de manière à pouvoir glisser verticalement, et son extrémité supérieure est munie d'un galet *b*; le chariot Q est conduit par la vis R du chassis-guide I, recevant elle-même son mouvement de la main de l'ouvrier au moyen du volant S.

Lorsqu'on fixe la chaussure, elle est placée de manière à ce que son axe soit parallèle à l'axe de la pièce N; la pointe de la chaussure étant rapprochée du galet O, qui est au commencement de sa course, l'on agit alors sur le volant S; le chariot Q s'avance entraînant la tige P, le galet O, et par suite la pièce N; le mouvement de cette pièce est donc horizontal, étant guidé dans la partie droite de la coulisse pratiquée dans le chassis-guide I, mais lorsque le gallet O arrive à la partie circulaire de cette coulisse, il force la pièce N et la tige ronde J à tourner. Son mouvement est facilité par la rencontre du galet *b* avec le plan incliné C, faisant partie du chassis-guide I; la chaussure, qui suit aussi ce mouvement, a donc présenté à l'outil d'abord le côté gauche de la semelle jusqu'à la pointe qui vient tourner sous cet outil en suivant le mouvement donné à la pièce N par la coulisse du chassis-guide et présente ensuite son côté droit à cet outil jusqu'au talon.

La chaussure est toujours pressée contre l'outil par le contre-poids du levier F, la poussant de bas en haut, et par le ressort L, agissant sur la pièce J et la poussant de gauche à droite.

La griffe qui tient la chaussure sur ce chariot (voyez planche IV, figures 4 et 5) est une pièce en fer M, avec six oreilles, N, O, P; les oreilles N reçoivent les deux guides *f*, *f* et la vis *g* de deux pinces R conduites de même que celles de la griffe du premier chariot et semblables, à cette différence près, qu'elles sont répétées en arrière pour saisir la chaussure dans une partie où elle offre plus de prise.

Les oreilles P reçoivent le chevalet S muni d'une vis *h*, pressant sur la pièce T à coulisse dans les montants du chevalet; les oreilles P sont entaillées pour le passage du coin *i* faisant serrer le coussin *j*, auquel les oreilles P servent de guide contre la forme et la chaussure.

Les oreilles O servent seulement de guides au

coussin *k* serré par le coin *l*, aussi dessous la chaussure.

Lorsqu'on veut placer cette chaussure, on commence à la serrer légèrement entre les deux pinces, puis on enfonce à la main les coins *i* et *l* jusqu'à ce que la chaussure soit bien d'aplomb, puis on ramène le chevalet S, on serre par la vis la pièce T sur le talon, en prenant la chaussure entre cette pièce et les coussins; on achève alors de serrer les pinces, et la chaussure est fixe.

DES OUTILS.

Les outils employés pour le déformage comprennent:

1° Ceux employés au travail du dessous, au nombre de quatre;

2° Ceux employés au travail du talon, au nombre de six;

3° Celui employé au travail du devant, qui est seul.

Je décrirai donc chacun des outils selon le chariot qui l'emploie et dans l'ordre où il est employé.

TRAVAIL DU DESSOUS.

Le travail du dessous s'opère au moyen de deux genres d'outils, outils à mouvement alternatif rectiligne, et outils à mouvement circulaire.

Le premier est une lime plate pour dresser le dessous de la semelle et du talon (Voyez planche V, figure 1).

Son mouvement est alternatif rectiligne, il est transmis par une excentrique C placée sur l'arbre D et tenant au bouton A, duquel il peut se séparer en laissant jouer le bouton A dans sa garde lorsqu'on veut arrêter l'outil; l'outil, proprement dit, est une lime plate ordinaire B, emmanchée à queue d'aronde, et retenue par bout, au moyen des vis *a*, sur la pièce E; cette pièce s'assemble avec la pièce F au moyen des deux boulons clavettes *b*, *b*.

La pièce F glisse dans les deux guides à chapeau de la pièce G en fonte, reliant les deux traverses supérieures du bâtis de la machine; à cette pièce F est fixée le bouton A; elle reçoit donc le mouvement de l'excentrique, et entraîne dans sa marche la pièce E, et par conséquent la lime B, qui est attachée et dressée à mesure que l'ouvrier en présente toutes les parties droites devant l'outil.

Ces parties droites limées et dressés, on met en marche le chariot et on l'amène sous la scie à talon ; cette scie a aussi un mouvement rectiligne alternatif, mais je puis arriver au même résultat avec une scie circulaire fixée sur l'arbre H portant les outils qui ont aussi un mouvement circulaire.

Le mouvement est transmis à la scie par un appareil en tout semblable à celui de la lime, seulement la pièce E est changée et porte une lame de scie *d* serrée et tendue au moyen d'un coin *e*, qui la prend dans toute sa longueur. Au-devant de la pièce E, et rapportée avec des vis, pour le réglage à mesure que s'use la scie, se trouve la garde *f* contre laquelle vient porter la chaussure de manière à ce que l'ouvrier ne puisse pas, en pressant trop avec le pied, faire couper la semelle, lorsque l'intérieur seul du talon doit être coupé droit. (Voyez planche V, figure 2).

Après avoir coupé le talon, on amène le chariot, et par conséquent la chaussure, sous la lime cintrée. (Voyez planche V, figure 3). Cet outil, à mouvement circulaire, est destiné à dresser la semelle dans la partie appelée cambrure ; il est composé d'une roue I en fonte, clavetée sur l'arbre H qui l'entraîne dans son mouvement. Cette roue est conique pour recevoir un cercle en acier *g*, alaizé au même cône et dont la surface extérieure est taillée comme une lime ; ce cercle en acier est maintenu sur la roue I par la pièce de pression serrée J au moyen des boulons *h*, *h*.

Lorsque la cambrure est faite, tout le travail du dessous est opéré, il ne reste plus qu'à le passer sous le quatrième outil qui n'est autre chose qu'une roue en bois garnie d'une peau de chagrin ou de papier verré, dont les aspérités fines et rapprochées donnent au travail le fini qu'il doit avoir. On démonte alors la chaussure du premier chariot, et elle passe entre les mains de l'ouvrier conduisant le deuxième chariot, tandis que l'homme qui conduit le premier recommence une autre chaussure.

TRAVAIL DU TALON.

Les outils qui fonctionnent avec ce chariot sont tous circulaires, ils sont clavetés sur l'arbre H, et entraînés dans son mouvement.

Le chariot est à son point de départ sous la traverse K (voyez planche V, figure 4), placée entre les traverses supérieures du bâtis de la machine; cette pièce K porte à son centre une douille carrée devant recevoir les divers outils qui doivent s'y placer et où ils sont retenus par une vis de pression *i*. Le premier de ces outils n'est autre chose qu'un galet bien poli, contre lequel on vient presser le quartier de la chaussure par les mouvements indiqués dans la description du chariot ; ce travail a pour but de faire adhérer le quartier à la forme mieux que ne l'a pu faire le montage, et de détruire les irrégularités qui en résultent, et qui pourraient mettre ce quartier sous l'atteinte des outils tranchants qui doivent travailler le talon.

Cette opération achevée, on sort le galet de pression et on le remplace par la lame à ébourer (voyez planche V, figure 5), dont le but est d'enlever l'espèce de bavure restant au cuir du talon près du quartier.

On conduit ensuite le chariot sous la rape circulaire. Tous les outils suivants, servant au travail du talon, sont doubles, de manière à pouvoir donner, selon le goût de l'acheteur ou de la mode, une tournure plus ou moins évasée, tournure qui varie pour les hauts ou bas talons ; je décrirai donc un seul des outils semblables , l'autre étant identique, sauf le changement dans la forme.

La rape circulaire n'est autre chose qu'un cercle en acier taillé en forme de rape et monté sur une roue en fonte calée sur l'arbre semblable à celle décrite à l'outil du premier chariot pour la cambrure ; il y est aussi fixé de la même manière. Cet outil , ainsi que les suivants, tourne avec une grande vitesse et de façon à ne pas envoyer les copeaux de cuir au visage de l'ouvrier qui vient présenter le talon au moyen du mécanisme du chariot, pour lui donner exactement sa forme.

Il vient ensuite l'amener sous l'outil circulaire à lame, dont le but et de faire disparaître toute la boure de cuir laissée par l'outil précédent.

Cet outil (voyez planche V, figure 6) est une roue en fonte, autour de laquelle on a pratiqué un nombre indéterminé d'entailles obliques; dans chacune de ces entailles est placée une petite lame en acier, de la forme que l'on veut donner au talon ; cette lame est retenue dans l'entaille par un coin serré fortement ; toutes ces lames sont réglées de manière à ce que la ligne du tranchant des suivantes vienne toucher exactement les points de la surface engendrée par la ligne du tranchant de la première.

Le talon ayant acquis la forme exacte qu'il doit

avoir, il n'y a plus qu'à le passer sous l'outil suivant pour le lisser à chaud; le but de cette opération est de coucher le duvet laissé par les outils tranchants au moyen d'un fer chaud pressé fortement sur le cuir enduit d'une espèce d'encaustique; on passe d'abord l'encaustique, puis l'ouvrier amène le deuxième chariot sous l'appareil suivant. (Voir planche V, figure 7).

Il se compose d'un manchon en fonte M, alaizé et placé sur l'arbre H', dont il suit le mouvement; les deux extrémités de ce manchon sont alaizées en forme de cône et reçoivent chacune une pièce N, N' tournée et rodée sur le même cône; ces deux pièces N, N' ne suivent pas le mouvement de l'arbre, mais peuvent s'avancer sur cet arbre parallèlement à son axe pour compenser l'usure occasionnée sur ces pièces par la pièce M, tournant avec rapidité; le serrage pour cette usure a lieu au moyen des vis *m* appuyant celles de la pièce N contre le bâtis, et celles de la pièce N' contre une traverse reliant les deux traverses supérieures du bâtis de la machine, et supportant par un pallier l'arbre pour empêcher la vibration; ces vis *m* empêchent aussi les pièces N, N' de suivre le mouvement de l'arbre.

Les pièces N, N' reçoivent, en *n*, *n'*, un tuyau communiquant, par un conduit O, O, avec une gorge *p*, *p*' pratiquée tout autour de la partie conique.

Le manchon M a deux renflements *q*, *q*' recevant les cercles O, O' qui doivent être chauffés et frottés sur la chaussure ; leur chauffage a lieu par la vapeur circulant dans la partie creuse pratiquée dans ces cercles ; pour cela ils sont assemblés sur les renflements *q*, *q*' au moyen des boulons *r*, *r*' les pressant sur des garnitures au *minium*, afin d'éviter les fuites.

Pour forcer la vapeur à circuler dans cet appareil, le manchon M, est percé d'un conduit S, parallèle à l'axe aboutissant par un conduit perpendiculaire à cet axe dans le renflement *q*, puis un autre conduit S' perpendiculaire est percé à côté de celui-ci en laissant seulement entre eux l'espace d'une cloison, et se prolonge parallèlement à l'axe pour aller ressortir par un conduit perpendiculaire dans le renflement *q*', où est pratiqué à la distance d'une cloison, un conduit perpendiculaire S'', venant sortir parallèlement à l'axe dans le cône.

Les cercles outils O, O', qui viennent se placer sur les renflements *q*, *q*' portent les cloisons *t* qui séparent les conduits S de S' et S' de SS''.

Si l'on met en marche avec rapidité l'arbre H, il entraîne le manchon M, en laissant immobiles les pièces N, N'. On admet alors la vapeur par le tuyau *n*, elle passe par le conduit O, et vient remplir la gorge *p*' de la pièce N. Le manchon M, en tournant, a toujours l'extrémité de son conduit S ouvrant sur cette gorge ; la vapeur s'y engage et vient sortir dans la partie creuse du cercle outil O, arrêtée par la cloison *t*, elle tourne autour de ce cercle pour aller rejoindre le conduit S' percé de l'autre côté de la cloison ; elle passe dans ce conduit et va sortir par le renflement *q*', à côté de la cloison, dans la partie creuse du cercle outil O', dont elle suit le pourtour pour venir s'engager dans le conduit S'' et aboutir à la gorge *p*' de la pièce N', d'où elle s'échappe par le conduit *o*' et le tuyau *r*' qui lui sert d'échappement ; la vapeur circule par ce moyen tout autour des surfaces à chauffer malgré la vitesse dont elles sont animées. Le degré de température est réglé par la quantité de vapeur admise ; le tampon *u* sert à visiter et nettoyer le conduit S'.

Le talon ayant été lissé à chaud, on embraye la poulie de la vis, et la vis tournant avec rapidité, retourne le chariot sous le premier porte-outil K, sur lequel on monte un fer garni d'une mollette guillochée (*voir* fig.), on passe cette molette autour de la partie supérieure du talon, seulement pour l'orner. On sort alors la chaussure de dessus le deuxième chariot, et on la passe à l'ouvrier conduisant le troisième chariot, ou chariot du travail de devant.

TRAVAIL DU DEVANT. (*Voir* PLV, fig. 8.)

La chaussure étant fixée sur le troisième chariot, l'outil qui doit opérer dessus a un mouvement tantôt circulaire, tantôt rectiligne alternatif.

L'appareil porte-outil et celui qui le met en mouvement sont construits de la manière suivante :

Entre les deux parties supérieures du bâtis est placée une traverse P, semblable à celle supportant les outils alternatifs du premier chariot: dans les coulisses à chapeaux de cette traverse glisse la pièce Q, ayant en dessous deux oreilles terminées chacune par un petit chapeau de manière à former palier, et recevoir la pièce porte-outil R.

Le mouvement est transmis à la pièce Q par la bielle S s'attachant au manchon T, claveté sur l'arbre D au moyen d'un bouton excentré U, se réglant à volonté pour varier la course selon le travail.

Dans la première partie de ce travail, la bielle S est débrayée, et le bouton *u*, placé dans sa garde *t*, ne transmet pas son mouvement à la pièce Q, et par conséquent la pièce porte-outil R, et l'outil sont immobiles.

La pièce porte-outil supportée par deux tourillons tournant dans les paliers de la pièce Q, oscille à volonté ; cette oscillation est réglée par une fourchette V, embrassant un arbre excentré supporté par les traverses du bâtis et mis en mouvement par la roue *r* (*Voir* la planche 1), à la portée de l'ouvrier ; cet arbre règle aussi l'oscillation dans la marche alternative du porte-outil, la fourchette V pouvant y glisser dessus. Au-dessous de cette fourchette est une tige porte-galet *x* pouvant s'avancer ou reculer au moyen de la roue écrou *y*, aussi à portée de la main de l'ouvrier. Le but du porte-galet *x* est de résister à la pression du grand ressort du chariot qui cherche toujours à amener la chaussure sous l'outil, quelles que soient ses sinnosités, celle-ci n'en approche qu'autant que le galet *x* conduit par l'ouvrier le lui permet.

On place d'abord dans la douille carrée du porte-outil R, l'outil *z*, qui est une roue taillée, placée dans un support 3 qui entre dans la pièce R où il est maintenu par vis, etc.

Cette roue taillée peut se changer en enlevant la plaque 1 qui la supporte ainsi que la plaque 2, de manière à lui permettre de tourner ; ces deux plaques sont fixées au support 3, celle 2 à demeure, et celle 1 mobile pour le changement de la roue *z* ; le support 3 porte aussi un galet 4 contre lequel vient porter la semelle, afin que l'outil *z* n'enlève que fort peu de cuir, et seulement pour dresser. Le mouvement est donné à la roue *z* par une grande poulie 9, placée sur la machine T, clavetée sur l'arbre D. Pour cela, le manchon est enceint d'un collier 5, qui lui permet de tourner sans en être entraîné par lui. A ce collier s'articule la pièce 6 à poignée, dont l'autre extrémité porte sur la pièce R, dont elle peut suivre l'oscillation, et glisser dessous dans son mouvement de va et vient.

La pièce 6 porte un engrenage 7, relié avec la petite poulie 8, commandée elle-même par la poulie 9, et transmettant par les pignons 10, 10, 10 le mouvement de rotation à la petite roue *z*.

Si l'on veut arrêter le mouvement rotatif, on recule la pièce 6 qui se débraye d'avec la roue *z* qui s'arrête ; l'embrayage étant dégagé de dedans la pièce R, permet à celle-ci de recevoir son mouvement de va et vient de la bielle S agissant sur la pièce Q. Avant d'embrayer la bielle, on a placé dans la pièce R, un fer chaud ou lissé 11, et lorsque cette pièce R est en mouvement, la lisse chaude frotte sur le champ de la semelle qui est présentée par le troisième chariot, après le travail de la petite roue z.

Le chauffage des lisses a lieu au moyen de la vapeur circulant dans la caisse Y à compartiments (Planche 1), dans laquelle on place les lisses pour les faire chauffer.

DESCRIPTION

DES

APPAREILS MÉCANIQUES

PROPRES

AU TRAVAIL DES EMPEIGNES

Dans la fabrication de la Chaussure.

PRESSE A DÉCOUPER. (Planche I.)

La pression pour le découpage a lieu par l'emploi direct de la vapeur dans le plateau présent.

La presse se compose d'une sellette A, relevée au moyen de quatre colonnes B, B, B, I. Au sommier C dans la sellette, est fixé un cylindre de vapeur D avec un seul orifice E placé au bas, et une distribution au moyen d'un tiroir P; lorsqu'on veut presser, on introduit la vapeur sous le piston G, qui s'élève alors si l'on met en communication par le tiroir l'orifice d'admission E avec l'orifice d'échappement H; la vapeur trouvant une issue s'échappe, et le piston n'étant plus soutenu descend.

L'extrémité de la tige du piston G est emmanchée dans un plateau en fonte I, guidé par les colonnes B : sur ce plateau sont deux tasseaux J, sur lesquels peuvent glisser les planches portant la peau à couper. Ces tasseaux sont prolongés de chaque côté de la presse par deux consoles K qui y font suite; quand le piston est en bas de sa course, le plateau en bois L est supporté sur ses consoles, alors l'ouvrier place sur le plateau les peaux qu'il veut débiter et couper; il ajuste dessus les emporte-pièces en les disposant selon la grandeur et l'économie des peaux, il pousse le plateau L sur le plateau I où il est guidé entre les tasseaux, et, mettant le pied sur la pédale M, il admet la vapeur sous le piston G, qui vient en s'enlevant presser les emporte-pièces contre le sommier C, et les faire couper. Le découpage ayant eu lieu, le plateau I, en s'élevant a rencontré la touche N, agissant sur le crochet O qui maintient le levier P du tiroir en prise, le fait décrocher; le tiroir entraîné par le contrepoids R descend, met la vapeur en échappement et la pression cesse.

On recommence l'opération de l'autre côté de la presse qui sert à deux ouvriers; l'un dispose ses emporte-pièces pendant que l'autre coupe, et *vice versâ*.

EMPORTE-PIÈCES. (Planche II.)

Les emporte-pièces se composent simplement d'une lame en acier cintrée, de la forme de l'objet à découper et relié par des traverses.

Ils se posent sur le cuir du côté du tranchant, et la pression a lieu sur la partie large ou talon de la lame.

SUPPORT POUR LA CHAUSSURE. (Planche III.)

Pour pouvoir monter l'empeigne sur la forme, j'emploie un support tournant dans tous les sens ; il se fixe sur un établi, chaque support a une distance suffisante pour permettre à un ouvrier de travailler.

Il se compose d'une colonne en fer tourné A, fixée sur l'établi par sa tige R et les boulons C ; sur cette cette colonne, et dans un collet, tourne la pièce D à tourillons ; cette pièce est reliée par les petites tiges E à la pièce porte-pointe F ; sur ces pointes se place la forme P dans des trous qui y sont pratiqués.

Elle est maintenue dessus par la vis de pression G, tournant dans son mors H et taraudée dans le cheavlet I attaché aussi aux tourillons de la pièce D, et prolongée plus loin que ces tourillons, de manière à relier les deux branches par une tringle I ; cette tringle a pour but de maintenir le chevalet de côté, sans qu'il tombe entièrement pendant que l'on place ou qu'on enlève une chaussure.

Le marteau R sert à planter les pointes qui retiennent l'empeigne pendant le montage.

GRIFFE A MONTER. (Planche IV.)

Cette griffe se compose d'un massif en métal A,

supporté par des patins B ; ce massif est traversé par six vis C, C, qui peuvent glisser dedans sans tourner ; les écrous D et E de ces vis sont placés dans des entailles faites au massif dans le sens vertical. L'intérieur des écrous est fileté pour porter les vis ; l'extérieur des écrous D taillé en forme de deux engrenages, l'un pour engrener avec l'intérieur des écrous E, aussi taillé, et l'autre taillé pour engrener avec une vis sans fin F.

La vis sans fin F, est supportée par le massif et mue par une manivelle G ; lorsqu'on agit sur cette manivelle, la vis tournant transmet son mouvement de rotation aux écrous D qui, par leur intérieur taillé, commandent les écrous E et les font tourner. Comme ces écrous sont pris dans les entailles du massif et ne peuvent avancer sur les vis C, ce sont donc les vis C qui avancent ou reculent,

L'extrémité des vis C est percée d'un trou qui reçoit un crochet H, auquel doit être accrochée la petite pince I ; l'autre extrémité des vis C est aplatie sur quatre faces, et forme tête pour pouvoir se tourner au moyen d'une clef. Ces parties aplaties sont pratiquées pour rendre alternativement fixes ou mobiles les vis C ; cela a lieu au moyen des coulisses J, J pratiquées dans le massif A. Lorsque ces coulisses sont tirées en arrière, leurs entailles se trouvant en face des vis, celles-ci peuvent tourner : si, au contraire, elles sont enfoncées, leur partie droite vient porter sur le champ plat des vis et les empêche de tourner.

On monte l'empeigne de la manière suivante :

L'empeigne cousue se pose sur la forme retenue par deux pointes provisoires ; on place la forme sur le support, puis on serre trois pinces I d'un côté de l'empeigne, puis trois aussi de l'autre côté ; on place alors la griffe sur le dessous de la forme, on accroche les pinces à leurs crochets respectifs H, et, par suite, aux vis C. On fait porter, en tournant ces vis, chacune des pinces ; les coulisses J, J et les vis ne peuvent plus tourner ou agir alors sur la manivelle G, et les écrous tournant éloignent les vis, en entraînant les pinces qui font tendre régulièrement la peau de l'empeigne que l'on cloue alors sur les bords par le moyen ordinaire.

TABLE DES MATIÈRES.

FIN DE LA TABLE.

TABLEAU SYNOPTIQUE

A — Proportions des pieds d'enfants de 1 à 6 ans.

17					18					19				
1	11	5	10	5	1	12	0	11	0	1	12	5	11	5
2	12	0	11	0	2	12	5	11	5	2	13	0	12	0
3	12	5	11	5	3	13	0	12	0	3	13	5	12	5

20					21					22				
1	13	0	12	0	1	13	5	12	5	1	14	0	13	0
2	13	5	12	5	2	14	0	13	0	2	14	5	13	5
3	14	0	13	0	3	14	5	13	5	3	15	0	14	0

B — Proportions des pieds de fillettes et jeunes garçons de 7 à 14 ans.

23					24					25					26				
1	14	0	13	0	1	14	5	13	5	1	15	0	14	0	1	15	5	14	5
2	14	5	13	5	2	15	0	14	0	2	15	5	14	5	2	16	0	15	0
3	15	0	14	0	3	16	5	14	5	3	16	0	15	0	3	16	5	15	5
4	15	5	14	5	4	16	0	15	0	4	16	5	15	5	4	17	0	16	0

27					28					29					30				
1	16	0	15	0	1	16	5	15	5	1	17	0	16	0	1	17	5	16	5
2	16	5	15	5	2	17	0	16	0	2	17	5	16	5	2	18	0	17	0
3	17	0	16	0	3	17	5	16	5	3	18	0	17	0	3	18	5	17	5
4	17	5	16	5	4	16	0	17	0	4	18	5	17	5	4	19	0	18	0

C — Proportions des pieds de femmes

31					32					33					34					35				
1	16	6	15	2	1	17	2	15	8	1	17	8	16	4	1	18	4	17	0	1	19	0	17	6
2	17	2	15	8	2	17	8	16	4	2	18	4	17	0	2	19	0	17	6	2	19	6	18	2
3	17	8	16	4	3	18	4	17	0	3	19	0	17	6	3	19	6	18	2	3	20	2	18	8
4	18	4	17	0	4	19	0	17	6	4	19	6	18	2	4	20	2	18	8	4	20	8	19	4
					5	19	6	18	2	5	20	2	18	8	5	20	8	19	4	5	21	4	20	0
										6	21	0	19	4	6	21	4	20	0	6	22	0	20	6

36					37					38					39					40				
1	19	6	18	2	1	20	2	18	8	1	20	8	19	4	1	21	4	20	0	1	22	0	20	6
2	20	2	18	8	2	20	8	19	4	2	21	4	20	0	2	22	0	20	6	2	22	6	21	2
3	20	8	19	4	3	21	4	20	0	3	22	0	20	6	3	22	6	21	2	3	23	2	21	8
4	21	4	20	0	4	22	0	20	6	4	22	6	21	2	4	23	2	21	8	4	23	8	22	4
5	22	0	20	6	5	22	6	21	2	5	23	2	21	8	5	23	8	22	4					
6	22	6	21	2	6	23	2	21	8	6	23	8	22	4										

TABLEAU SYNOPTIQUE

D

Proportions de pieds d'hommes mesurés de Chaussure aux pointes.

N°1.

	36	37	38	39	40	41	42	43	44	45	46	47
1	28½ / 25½	28½ / 27½	29 .. / 27½	30½ / 28½	31 .. / 29½	32 .. / 30½	33 .. / 31½	33½ / 32 ..	34½ / 33½	35½ / 32 ..	36½ / 35 ..	37 .. / 36 ..
2	30 .. / 28½	29 .. / 28½	30 .. / 28½	31½ / 29 ..	32 .. / 30½	33 .. / 31½	33½ / 32 ..	34½ / 33 ..	35½ / 34½	36½ / 33 ..	37½ / 36 ..	39 .. / 37 ..
3	30 .. / 31 ..	30 .. / 28½	31 .. / 29½	32½ / 30½	33 .. / 31½	33½ / 32 ..	34½ / 33 ..	35½ / 34 ..	36½ / 35½	37½ / 36 ..	38 .. / 36½	40 .. / 38
4		31 .. / 29½	32 .. / 30½	33½ / 31½	34½ / 32 ..	34½ / 33 ..	35½ / 34 ..	36½ / 35 ..	37½ / 36½	38 .. / 36½	39 .. / 37½	
5		32 .. / 30½	33 .. / 31½	33½ / 32 ..	34½ / 33 ..	35½ / 34 ..	36½ / 35 ..	37½ / 36 ..	38 .. / 36 ..	39 .. / 37½	40 .. / 38½	
6		33 .. / 31½	33½ / 32 ..	34½ / 33 ..	35½ / 34 ..	36½ / 35 ..	37½ / 36 ..	38 .. / 36½	39 .. / 37 ..	40 .. / 38½	41 .. / 39½	

Pieds plats et fortement cambrés mesurés aux pointes.

N°2.

	36	37	38	39	40	41	42	43	44	45	46	47
2	31½ / 25½	30 .. / 27 ..	31½ / 25½	32½ / 29½	33½ / 34½	34½ / 31½	35½ / 31½	36 .. / 33 ..	37 .. / 34 ..	35½ / 34½	39 .. / 36 ..	40½ / 37½
3	31½ / 31½	29 .. / 29 ..	30 .. / 30 ..	31 .. / 31 ..	32 .. / 32 ..	33 .. / 33 ..	33½ / 33½	34½ / 34½	35½ / 35½	36 .. / 36 ..	37½ / 37½	39 .. / 39 ..
4		33 .. / 30½	34½ / 31 ..	33 .. / 32 ..	36 .. / 33 ..	37 .. / 34 ..	38 .. / 35 ..	39 .. / 36 ..	39½ / 36½	40½ / 37½	41½ / 38½	
5		32 .. / 32 ..	32 .. / 32½	33½ / 33½	34½ / 34½	35½ / 35½	36½ / 36½	37½ / 37½	38 .. / 38 ..	39 .. / 39 ..	40 .. / 40 ..	

mesures aux centimètres.

N°3.

	24·4.	25·1.	25·8.	26·4.	27·1	27·5.	28·5.	29·1	29·8.	30·5.	31·2.	31·9.
1	19 / 18 ..	19 / 18 ..	19 6 / 18 6	20 2 / 19 2	20 8 / 19 8	21 4 / 20 4	22 .. / 21 ..	22 6 / 21 6	23 2 / 22 2	23 8 / 22 8	24 4 / 23 4	25 .. / 24 ..
2	20 2 / 19 2	19 6 / 18 6	20 2 / 19 2	20 8 / 19 8	21 4 / 20 4	22 .. / 21 ..	22 6 / 21 6	23 2 / 22 2	23 8 / 22 8	24 4 / 23 4	25 .. / 24 ..	26 2 / 25 2
3	21 4 / 20 4	20 2 / 19 2	20 8 / 19 8	21 4 / 20 4	22 .. / 21 ..	22 6 / 21 6	23 2 / 22 2	23 8 / 22 8	24 4 / 23 4	25 .. / 24 ..	25 6 / 24 6	26 8 / 25 8
4		20 8 / 19 8	21 4 / 20 4	22 .. / 21 ..	22 6 / 21 6	23 2 / 22 2	23 8 / 22 8	24 4 / 23 4	25 .. / 24 ..	25 6 / 24 6	26 2 / 25 2	
5		21 4 / 20 4	22 .. / 21 ..	22 6 / 21 6	23 2 / 22 2	23 8 / 22 8	24 4 / 23 4	25 .. / 24 ..	25 6 / 24 6	26 2 / 25 2	26 8 / 25 8	
6		22 .. / 21 ..	22 6 / 21 6	23 2 / 22 2	23 8 / 22 8	24 4 / 23 4	25 .. / 24 ..	25 6 / 25 6	26 2 / 25 6	26 8 / 25 8	27 4 / 26 4	

Pieds plats et fortement cambrés mesures aux centimètres.

N°4

	24·4.	25·1	25·8	26·4	27·1	27·8	28·5.	29·1	29·3	30·5.	31·2	31·9.
2	21 2 / 19 2	20 2 / 18 6	21 2 / 19 2	21 8 / 19 8	22 4 / 20 4	21 4 / 21 4	23 6 / 21 6	24 2 / 22 2	24 8 / 22 8	25 4 / 23 4	26 .. / 24 ..	27 2 / 25 2
3	21 4 / 21 4	19 6 / 19 6	20 2 / 20 2	20 8 / 20 8	21 4 / 21 4	22 .. / 22 ..	22 6 / 22 6	23 2 / 23 2	23 8 / 23 8	24 4 / 24 4	25 .. / 25 ..	26 2 / 26 2
4		22 4 / 20 4	23 .. / 21 ..	23 6 / 21 6	24 2 / 22 2	24 8 / 22 8	25 4 / 23 4	26 .. / 24 ..	26 6 / 24 6	27 2 / 25 2	27 8 / 25 8	
5		21 4 / 21 4	22 .. / 22 ..	22 6 / 22 6	23 2 / 23 2	23 8 / 23 8	24 4 / 24 4	25 .. / 25 ..	25 6 / 25 6	26 2 / 26 2	26 8 / 26 8	

TABLEAU SYNOPTIQUE

DE PROPORTION DE LA FABRICATION INDIQUANT LES QUANTITES DE FORMES A FAIRE POUR L'ASSORTIMENT PAR SÉRIE DEPUIS LE 1er ÂGE

E — Pieds d'enfans de 1 à 6 ans.

Longueurs	N.os de grosseurs sur chaque longueur	à faire par dimension de longueur	1re Série	2e Série	3e Série	4e Série	5e Série
17	1 — 2 — 3	2	3	6	12	18	24
18	1 — 2 — 3	2	3	6	12	18	24
19	1 — 2 — 3	2	3	6	12	18	24
20	1 — 2 — 3	3	4	8	16	24	32
21	1 — 2 — 3	3	4	8	16	24	32
22	1 — 2 — 3	3	4	8	16	24	32
			21	40	84	126	168

F — Pieds d'enfants de 7 à 14 ans

Longueurs	N.os de grosseurs sur chaque Longueur	à faire par dimension de Longueur	1re Série	2me Série	3e Série	4e Série	5e Série
23	1 — 2 — 3 — 4	3	6	12	24	36	48
24	1 — 2 — 3 — 4	3	6	12	24	36	48
25	1 — 2 — 3 — 4	3	6	12	24	36	48
26	1 — 2 — 3 — 4	3	6	12	24	36	48
27	1 — 2 — 3 — 4	4	8	16	32	48	64
28	1 — 2 — 3 — 4	4	8	16	32	48	64
29	1 — 2 — 3 — 4	4	8	16	32	48	64
30	1 — 2 — 3 — 4	4	8	16	32	48	64
			36	112	224	336	448

G — Pieds de femmes.

Longueurs	N.os de grosseurs sur chaque longueur	à faire par dimension de Longueur	1re Série	2e Série	3e Série	4e Série	5e Série
31	1 — 2 — 3 — 4	4	8	16	32	48	64
32	1 — 2 — 3 — 4 — 5	4	10	20	40	60	80
33	1 — 2 — 3 — 4 — 5 — 6	5	15	30	60	90	120
34	1 — 2 — 3 — 4 — 5 — 6	6	18	36	72	108	144
35	1 — 2 — 3 — 4 — 5 — 6	8	24	48	96	144	192
36	1 — 2 — 3 — 4 — 5 — 6	6	18	36	72	108	144
37	1 — 2 — 3 — 4 — 5 — 6	5	15	30	60	90	120
38	1 — 2 — 3 — 4 — 5 — 6	4	12	24	48	72	96
39	1 — 2 — 3 — 4 — 5	4	10	20	40	60	80
40	1 — 2 — 3 — 4	2	4	8	16	24	32
			134	268	536	804	1072

H — Pieds d'hommes

Longueurs	N.os de grosseurs sur chaque longueur	à faire par dimension de Longueur	1re Série	2e Série	3e Série	4e Série	5e Série
1	2	3	4	5	6	7	8
36	1 — 2 — 3	2	3	6	12	18	24
37	1 — 2 — 3 — 4 — 5 — 6	2	6	12	24	36	48
38	1 — 2 — 3 — 4 — 5 — 6	3	9	18	36	54	72
39	1 — 2 — 3 — 4 — 5 — 6	4	12	24	48	72	96
40	1 — 2 — 3 — 4 — 5 — 6	5	15	30	60	90	120
41	1 — 2 — 3 — 4 — 5 — 6	8	24	48	96	144	192
42	1 — 2 — 3 — 4 — 5 — 6	6	18	36	72	108	144
43	1 — 2 — 3 — 4 — 5 — 6	5	15	30	60	90	120
44	1 — 2 — 3 — 4 — 5 — 6	4	12	24	48	72	96
45	1 — 2 — 3 — 4 — 5 — 6	3	9	18	36	54	72
46	1 — 2 — 3 — 4 — 5 — 6	2	6	12	24	36	48
47	1 — 2 — 3	2	3	6	12	18	24
			132	264	528	792	1056

TABLEAU SYNOPTIQUE DE LA FABRICATION DES SEMELLES

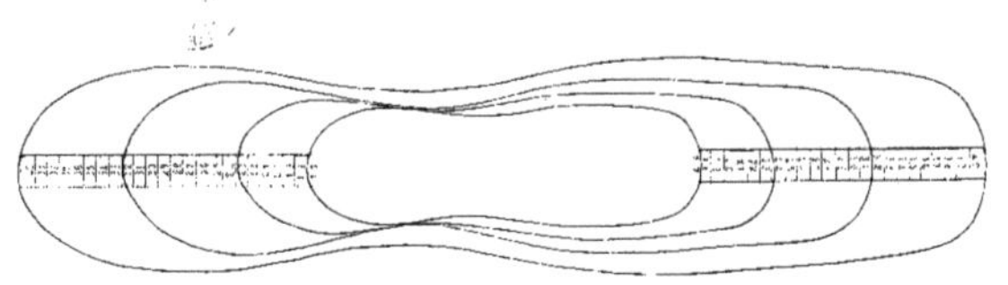

I

J

PLAN D'UNE USINE MODÈLE

Légende

A		Passage, entrée des ateliers.
B		Bureaux.
C		Magasin de Chaussures de femmes.
D		idem d'hommes.
E	1	1er atelier découpage d'empeignes.
F	2	2e id piquage id
G	3	3e id découpage de semelles.
H	4	4e id Apprêtage
I	5	5e id Montage
J	6	6e id Ajustage
K	7	7e id Peintage
L	8	8e id Ajustage des talons.
M	9	9e id de Fermage et Polissage.
N	10	10e id Bordage et Achevage.
O		Cour intérieure.
P		Couloir desservant les ateliers.
Q		Escalier.
R		Machine à vapeur.

PLAN FIGURATIF

de la Boiserie de l'Usine

K

premiers — hommes — semelles						premières — femmes — semelles						premières — fillettes — semelles				Patins	
1	2	3	4	5	6	7	8	9	10	11	12	1	2	3	4	1	1

www.ingramcontent.com/pod-product-compliance
Ingram Content Group UK Ltd.
Pitfield, Milton Keynes, MK11 3LW, UK
UKHW020322180726
13839UKWH00002B/523

9 782329 404479